1週間で8割捨てる技術

筆子

はじめに

8割捨てて2割残す

なぜ、捨てるべきなのか?

はじめまして、筆子と申します。

カナダに暮らしながら、持たない暮らしや節約に励む日々のこと、海外ミニマリストに関する情報などをブログで発信している五十路超えミニマリストです。


ミニマリストといってもたくさんのモノからの恩恵を受けています。生活に潤いを与えてくれる実用品以外のモノも持っています。

去年、手に入れたスマートフォンは家族と連絡を取り合うのに重宝しています。

モノは私たちの生活を便利にしてくれる、日常生活に必要不可欠な存在ですよね。

一つひとつのモノは、私たちの暮らしを豊かにしてくれます。

ところが、そんな素晴らしいはずのモノも、数を持ちすぎてしまうと、今度は逆に生活が不便になってしまいます。最もわかりやすい例をあげれば、モノが増えると掃除が大変になってしまうことでしょうか。モノが増えると物理的にスペースを取りすぎてしまいます。本来は、家族と団欒《だんらん》したり、休息をとったり、リラックスするための憩いの場が、モノの「倉庫」になってしまうのです。

洋服が多すぎると、毎朝選ぶのに時間がかかります。おしゃれを楽しみたくて、さまざまな服を買い揃えたはずなのに、数が増えると、**選ぶ楽しみが、迷う苦しさに変わってしまう**のです。

もちろん、クリーニングや衣替えなど、洋服の管理の手間も、量に応じてどんどん増えていくでしょう。部屋の収納スペースに対してモノが多いと、タンスや押し入れからモノがあふれ、ごちゃごちゃになり、見ているだけでうんざりします。

モノが増えすぎて困る人が多くなればなるほど、片づけ産業の需要が増加しました。片づけに関する本や、片づけの方法を教えるコンサルティング、さまざまな収納グッズがいたるところで販売されています。

ですが、相変わらず、私たちは家の中のモノを持て余しています。**家の中でガラクタになっているモノは、どんなにがんばっても片づけることができない**からです。

ガラクタとは、自分の生活にあまり貢献していないモノのこと。たとえば、使っていないモノ、買っても使わずにずっと押し入れにしまってあるモノ。このようなものは、もはや家の外に出す、つまり捨てるしかありません。

場所を移動させるだけの掃除では不十分で、モノを捨てなければ**「自分が主役の家」を取り戻すことは不可能**なのです。

捨てたら人生が変わった！

かくいう私自身は、20代の頃からずっとモノが中心の部屋に住んできました。とくに私が就職した80年代は、バブル景気を迎えていました。働いてあるていど自由にお金が使えるようになった私は、さまざまなモノを買い求めました。当時は所有することにこそ、価値があったのです。

20代後半のあるとき、部屋にあふれるものの多さに愕然としました。

そこで、以前よりシンプルライフに憧れていた私は「持たない暮らし」をめざすのですが、なかなかうまくいきませんでした。「捨てたいのに捨てられない」「しっかり片づけたのに、いつの間にかモノが増えた」。

今ようやく50半ばにして自分が中心の部屋に住むことができていますが、この30年間はモノを捨てたり、増やしたりのくりかえしだったのです。


モノを捨てる過程で、うまくいったことや失敗したことを、2015年2月からブログで発信しはじめたところ、多くの反響をいただきました。

同じような悩みを持っているブログ読者の方から、たくさんメールをいただき、みなさんとやりとりをしているうちに、捨てられない人の気持ちや、どうしたらうまく捨てられるのか、つまり「成功する捨て方」がわかってきました。

そんなとき、本を書く機会をいただきました。50代の主婦が書いた片づけの本を読む人がいるかしら？　と最初は思いました。ですが、見方を変えれば、これだけ片づけ本があってモノが減らせない人が少なくない昨今、30年にわたり試行錯誤してきたからこそ、成功も失敗もふくめてお伝えできることがあるかもしれない、と思いました。

たくさんのモノを捨てて、わかったことは、**「所持品の8割は必要ないものだった」**ということです。

これは、まさに「パレートの法則」の通りです。パレートの法則とは、**全体の8割のことは、2割の要素が握っている**という経験則です。

また、誰にでもモノを溜め込みやすい**「プライムゾーン」**があることもわかりました。「プライム」とは英語で「根本的な」という意味。文字どおり、部屋をごちゃごちゃにする「根本的」な原因が潜んでいる場所のことです。

本書では、そうした私自身の体験と、読者の方々の意見や、感想から体系化した「捨てる技術」をお伝えしたいと思います。今までたくさんの片づけ本を読んだのに、片づけられない、片づけが続かない方にこそ、読んでもらえると幸いです。

筆子

『1週間で8割捨てる技術』目次

第2章

「捨て方」にも技術があった！
——1週間で8割捨てるためのウォーミングアップ——

第3章

いよいよ開始！「1週間で8割捨てる」プラン

――「プライムゾーン」からはじめれば、どんな人でもモノは減らせる――

第4章

一生リバウンドしない方法

——モノが増える理由がわかれば、予防策も立てられる！——

第5章

ミニマリストの生きる知恵
——どんな時代も「小さな暮らし」で乗り切る！——

第1章

今度こそ、捨てる！

——捨てたいのに、捨てられない本当の理由とは？

30年間、モノを捨てたり増やしたり、をくり返してきた

数年前から日本で「ミニマルライフ」という生き方がブームになっています。所持品を最小限（ミニマム）にすることで、モノの管理から解放され、お金や時間というリソースを、自分の本当にやりたいことに注ぎこむ生き方（ライフ）です。

ミニマルライフを送る人たちのことを「ミニマリスト」と呼びます。ミニマリストは自分なりの暮らしを大切にするので、そのライフスタイルは人それぞれ。

スーツケース一つに納まるぐらいに所持品を減らし、ホテル住まいをし、食事は外部サービスに頼るミニマリストもいれば、田舎に引っ越し、なるべくお金は使わない自給自足に近い生活を志すミニマリストもいます。

私がこの生き方に注目するようになったのは、２００９年頃です。

以来、所持品の8割以上を捨てて、ミニマリストとして生活しています。

ただ、私は自分のことを「節約系主婦ミニマリスト」と呼んでいます。持ち物はできるだけ減らしていますが、主婦なので、何もない家に住んでいるわけではありません。夫も娘もミニマリストではありませんから……。

ミニマリストだといっても、最初からモノが捨てられる性格だったわけではありません。

私はこれまでに、4回の大がかりな「捨てる」を行ってきました。題して「捨てるプロジェクト」です。

「モノをたくさん持っていても幸せになれない」。そのことに私が気づいたのは、当時勤めていた会社を辞めた27歳のとき、これが第1次「捨てるプロジェクト」でした。

私が20代を過ごした80年代はいわゆるバブルの好景気真っ只中。**「消費は美徳」といわれた時代**です。

当時読んでいた雑誌『クロワッサン』で、スタイリスト（当時）だった吉元由美さんがおもしろい雑貨を次々と紹介していました。もうモノは充分持っているのに、ちょっとだけ差別化された雑貨を買い集める風潮があったと思います。

私は以前から、所持品の多さにうんざりしていました。とくに洋服をたくさん所有しており、たんすとファンシーケースに押し込んでいました。すべて自分が好きで買ったものばかり。ところが、買ったときは楽しくても、家に持ち帰って数回着たら、すぐ次の服に目移りし、ほとんどすべてたんすの肥やしになっていました。

DCブランドの服は高くて手が出なかったので、会社員時代はスーパーや、通販で服を買っていました。

よく利用していた通販会社では、頒布会で、たとえば「部屋着の会」に入れば、似たようなモチーフでデザイン違いの部屋着が注文をやめるまで毎月送られてきました。ジャケットの会や、ボトムスの会、ソックスの会、パジャマの会、バスタオルの会、フェイスタオルの会と、けっこうな数の会に入り、モノを買い集めていました。

1カ月の注文金額は合計3～5千円というところでしょうか。それでも継続の力とは恐ろしいもので、服や雑貨は毎月確実に数が増えていきました。

当時のその通販会社の魅力（今となっては危険な罠）の一つに、「おまけ」があります。注文金額に応じて、毎月雑貨のプレゼントがありました。

そうした雑貨がとくにほしいわけでもなかったのですが、おまけにひかれて注文していました。愚かにも**「おまけをもらうことは得なんだ」**と思い込んでいたのです。

あらためて自分の部屋を眺めてみると、ガラクタでいっぱいの汚部屋。

自分の暮しを変えたくてモノを捨てはじめました。職安に出向いたり、求人誌で仕事を探したりしつつも、ほとんどの時間を片づけに明け暮れていました。

こんなにモノばかり買っていたのは、やはり**根っこのところで幸せでなかったからだと今ならわかります。**人生にさしたる目的もなく、会社の仕事もさほどおもしろくなく、とくに何か情熱を傾けてやりたいこともなく、心の底ではいつも鬱々としていました。そんな**不満を、モノを買うことで埋めていた**のです。

「ミニマリスト」にはほど遠かった私

この第1次捨てるプロジェクトは結局、失敗に終わります。減らしたつもりがいつの間にかモノが増えていました。いわゆる「リバウンド」です。

そして、37歳になったとき、カナダに留学することになりました。この留学は人生を仕切り直すいい機会だと思いました。

日本での仕事は先の見通しが明るくなかったので、海外で就職したいという夢がありました。たまたま通っていた英会話学校の先生がカナダ出身だったので、あまり深く考えずに留学を決めました。

「海外へ行くのだから、荷物は最低限だけで、今度こそシンプルライフにしよう」

大きなスーツケースを買うのはやめて、小さなボストンバッグを購入。身の周りの本当に必要なモノやお気に入りのモノだけを**ボストンバッグ1個に詰めて旅立ちまし**

た。今度こそ、モノの少ない生活ができると思いました。第2次捨てプロジェクトのスタートです。

留学中は、さほどモノを持っていませんでした。授業に必要だったパソコンとプリンターを購入、さらにSONYのラジカセを手に入れましたが、服はほとんど買いませんでした。留学費用でお金を使い果たしていたからです。

学生でいる限り、服はほとんどいりません。夏はTシャツにジーンズ、冬はその上にセーターとダウンジャケットを着れば十分でした。

こうしてモノの少ない学生生活を送っていましたが、留学2年目に妊娠が発覚し、子どもの父親と一緒に住むことになりました。

出産と同時にモノが増え始めた!!

子どもが生まれたことがきっかけで、第2次捨てるプロジェクトも失敗に終わります。日本にいる母が布おむつや子どものおもちゃ、台所用品、親戚の子どもの古着などを送ってくれたのを皮切りに、一つ、また一つと家財道具が増えていきました。

私自身の服も増えました。買ったのではなく、日本に置いてあった服を少しずつ母に送ってもらったものです。里帰りしたときに本も持ち帰りました。

日本にいる親切な友だちが、読み終わった本を送ってくれることもありました。

子どもが生まれたとき定期購読していた育児雑誌もたまっていました。子どもの写真も袋に入れたまま、本棚にどんどん並べていました。

当時はデジタルカメラが高価だったので、フィルムカメラを使っていたのですが、日本にいる母に送るために、毎日のように子どもの写真を撮っていました。

さらに、お菓子づくりにハマり、毎日のように娘のために甘いお菓子をたくさんつくりました。私も一緒に食べていたので、体にも余分な脂肪がたっぷり蓄積されました。慣れない外国での子育てはいろいろ大変なことが多く、ストレス解消にチープなモノを買ってしまうことも多々ありました。

捨てることは心の折り合いをつけること

私が44歳になったとき、娘が小学校に入学しました。娘はランチに戻ってくるものの、平日は15時40分まで学校にいるので、ようやく一息つけるようになりました。

そんなときふと周りを見渡すと、**家の中にはガラクタがいっぱい。**「え、いつのまに？」と、正直びっくりしました。

いったいどうしてこんなことになってしまったのか、考えようとしても、頭がぼんやりして、しっかり考えることができませんでした。


しかし、家の中にモノがいっぱいあるのはまぎれもない事実。「とりあえず、家の中にあふれているガラクタを整理してすっきりさせなければ」と思いました。

この第3次捨てるプロジェクトはある程度、成功しました。そして、50歳になったタイミングで、さらに大がかりにモノを整理。私はようやくミニマリストになることができたのです（このとき行った具体的な捨て方については、後の章でお話しさせていただきます）。


なぜ、第1次ですんなり捨てられる生活に切り替われなかったかというと、まだまだ自分の生活に満足していなかったことに加え、**モノを買えば、今よりもっと楽しくなれる、生活がよくなるという幻想をいだいていた**からです。

この30年間、本当にたくさんのモノを捨てました。これまでに、どれだけのモノを捨てたのかを覚えていないくらいです。捨ててしまったモノには申し訳ないのですが、捨てれば捨てるほど、暮らしはラクになり、私の気分は軽くなりました。

モノを捨ててすっきりするから気持ちが軽くなるのか、気持ちが安定するからモノを捨てられるようになるのか。どちらが先なのかはわかりませんが、**モノを捨てることは私たちのメンタルと深く関係がある**と実感しました。

上手にモノを捨てるには、自分の心と折り合いをつけていくことが、なにより大切だったのです。

捨てたいのに捨てられないモノの共通点

ミニマリストとなった今は、自分の生活に必要ないモノはまず買わなくなりました。たまに買い物に失敗しても、わりとあっさり処分することができます。

とはいえ、潔く捨てることができるようになったのは、ここ数年のことです。**私には捨てたいのに捨てられないモノがたくさんありました。**

文房具、書類、本、製菓用品は捨てにくく、最後までたくさん持っていました。じつは、本はまだ80冊ほど持っています。

何度も捨てることをためらいました。「もうこれ捨てよう」と大好きなキャラクターのクッキーの型を手にして、じっと考えこんだものです。

「これ、もういらないような気がする。でも、捨てないほうがいいかな。最近全然クッキー焼いてないけど、また暇になったら焼くかもしれない」

クッキー型を見つめたまま、手が止まって捨てるのを断念したことも。

ですが結局、数日後に捨てました。このように、1度では捨てられず、**「捨てる、捨てない」のセッションを何度もやったモノ**がたくさんあります。

人はいったんモノを所有すると、「私の物」という意識を持ってしまい、なかなか手放すことができません。**いざ捨てようとすると手が止まります。**「捨てたいのに捨てられない」という不思議なジレンマに陥ってしまうのです。

「野望ガラクタ」は捨てにくい

捨てたいのに捨てられなかったものには、共通点があることに気づきました。

私の場合、日用雑貨に対しては「これは後でまた何かに使えるかもしれない」「使ったら今とは違う生活になるかもしれない」という思いが強く、本に対しては、「これを読むと勉強になるに違いない」という気持ちがありました。

通販で買った、編み棒セットを持っていて、結局28年たってから捨てました。この編み棒セットにしがみついていたのは、「いつか編み物ができる人になりたい」という願望があったからです。

そのモノ（編み棒セット）を持ち続けていれば、理想の私（編み物ができる人）に変われるかもしれないと思っていたのですね。「これを買うと、なりたい自分になれると思って買ったモノ」。それを私は**「野望ガラクタ」**と呼んでいます。

「野望ガラクタ」はとても捨てにくいです。なりたい自分になるために購入したので、それを捨てることは自分の希望や夢を捨てる決意をするようなものだからです。

そのため、ガラクタだとなかなか気づきません。認識しようとしないのです。

ですが、そもそも**「何かを捨てたい」と思うということは、「もうこれは必要ない」と答えが自分の中で半分出ているのだ**と思います。それなのに、実際に捨てようとすると、「いや、これを捨てるわけにはいかない。だって……」とさまざまな言い訳が思い浮かびます。執着が言い訳を生み、決断ができなくなってくるのです。

それならば、きれいに収納しておけばいいのでは？　と思うかもしれませんね。

しかし、**収納では解決できません**。収納は、あくまでも必要なものを次に使うためにしまっておくことです。その家にとって不用なものをしまうことは、正しい収納とはいえないと思うのです。

捨てられない人が言いがちな「言い訳ベスト4」

モノを捨てられないとき、口にする言い訳にはパターンがあると思います。私もそうですが、以前、実家の片づけを行った際に母に捨てるように促したときも、同じ言い訳をしていました。それは、こんな言い訳です。

言い訳1——いつか使うかもしれない

こんな経験はないでしょうか。20代の頃に使っていたトートバッグ。長い間、使わずに、クローゼットの奥で眠っています。

トートバッグを引っぱり出して、あなたはこんなふうにつぶやきます。

「これ捨てようかな。でもまた使うことがあるかもしれない。今持っているトートバッグが壊れるかもしれないし……」

せっかく引っぱり出したトートバッグをまた、元の場所に戻してしまいます。

今使っていないのに、「いつか使う」と思って捨てられないのは、そのバッグに執着しているからです。ずっとしまいこんで存在を忘れていたのに、**いざ捨てようとすると急にもったいない気持ちが芽生えてしまいます。**


もともと人間には、**モノを失うのをすごく嫌う気持ち（損失回避）**と、いったん何かを所有すると、その**品物の評価を理由もなく高くしてしまう心理（授かり効果）**があります。ともに行動経済学の理論です。

今まで存在を忘れていたモノでも、一度手にしてしまうと、この心理が働きます。私は捨てることができなくなり、「いつかまた使うことがあるかもしれない」という自分に都合のいい捨てない理由を考えだしていました。

「いつかまた使うかもしれない」。

これはモノを捨てられない理由として、みなさんも思い当たるのではないでしょうか。いつか痩せたら着ようと思っている服、いつか時間ができたら読みたい本。そういうモノをたくさん持っていませんか。

人によって捨てられないものはさまざまです。しかし、**「いつか使うかもしれない」の「いつか」は絶対来ない**とよく耳にします。私の体験でも、そんな「いつか」は来たことがありませんでした。

それなのに、誰もがいつまでたっても来そうにない「いつか」のために、ガラクタを溜め込んでしまいます。

「いつか使うかも」と思って長年とっておいたモノは、結局使わずにずいぶん後になって、あきらめて捨てました。私にはそういったモノが数知れずあります。

「去る者は日々に疎《うと》し」と言いますよね。人は、目に見えないものは、いともあっさりその存在を忘れます。数年後、あるとき掃除中に、「あ、こんなモノがあった」と発見するわけです。

見つけることができるなら、まだマシかもしれません。意識的に、捨てる作業をしていなかったら、発見することもなくそのままの状態なのですから。

じつはこの**「いつか」は「いつでもない」と言い換えることもできます。**「いつか」と思っている限り、いつまでたっても痩せないし、本を読む時間はできません。

人は自分が大切に思っていることならば、たとえどんなに忙しくても真っ先に時間をつくるのではないでしょうか。大切なことではないから「いつかそのうち……」と言いつつ、行動を先延ばしにしてしまうのだと思います。

「いつか使うかも」という言い訳が思い浮かんだら、実際に今、この瞬間に使ってみましょう。

たとえば、スキーなど、特定の季節に使うアイテムで、今**すぐに使うことができないときは、使う日を決めて、スケジュール帳に記入する**のです。もし、その日までに使わなかったら、「やっぱり〝いつか〟は来なかった」と、あきらめて捨てましょう。

言い訳２――人からもらったモノだから

「人にもらったモノを捨てるのは、くれた人に申し訳ない」

そんなふうに思って、使ってもいないし、自分の趣味でもないモノを溜め込んでしまうことがあります。たしかにいただきものは捨てにくいですね。

私たちは、プレゼントは単なるモノではなく、くれた人の心が入っていると感じてしまいます。つまり捨てようとすると罪悪感にかられるのです。かくいう私も、プレゼントを捨てるときは、くれた人のことを必ず思い出します。

先日、長年持っていたあるキャラクターのぬいぐるみを手放しました。20代半ばに、職場の同僚にもらったものです。私はそのキャラクターが好きで大事にしていたので、手放すのは簡単ではありませんでした。

ただ、人からもらったモノを「捨てたい」と思っているなら、**そのプレゼントは自分にとって重荷や邪魔になっている**のではないでしょうか？　心の負担になっているモノは、たぶん今後も使うことはないはずです。

プレゼントが捨てられないときは、「モノ」と「感情」を切り離して考えてみることをおすすめします。

贈り物にくっついている感情は「贈ってくれた相手が、自分のことを思ってくれる気持ち」です。この気持ちに応えるために、どんなプレゼントもありがたくいただいたほうがいいと思います。ですが、この時点で、すでにもう気持ちをもらっているので、**プレゼントの役割は、半分は終わっている**と言えます。

贈り物が体現している「感情」を大切に扱って、もし本当に気に入ったら、手元に置いて実際に使えばいいですし、あなたの趣味に合わなかったら、人に譲ったり、リサイクルへ出しても、相手の方に失礼にはならないと私は思っています。

じつは先ほど話したぬいぐるみをもらった後、プレゼントしてくれた同僚との間に、ちょっとした事件があり、仲がこじれてしまいました。

感情的な行き違いがあり、ぬいぐるみを見るたびに、そのときの苦い気持ちを思い出していました。30年たって、私はようやく手放しました。

手放しても友だちのことは忘れていません。不思議なことに、昔の苦い思い出より、「ぬいぐるみをくれてありがとう」という感謝の気持ちのほうが強いのです。ぬいぐるみを捨てたときに、**自分の変なこだわりも一緒に捨てられた**ような気がします。

言い訳３――思い出の品だから

私はぬいぐるみなどのかわいいものが好きで、昔からたくさん集めていました。とくに思い出のこもったものは捨てにくいものでした。

高校の修学旅行のおみやげに京都で買ったカワウソのぬいぐるみ。仲良しのMちゃんと一緒に買った。「あの頃は楽しかったなあ」。

でも、すっかり薄汚れてしまい、鼻の先は猫にかじられヨレヨレ。そもそも北欧モダン風にコーディネートしている今の部屋の雰囲気に全然合わない。でも捨てたいけど、捨てられない。「だってこのカワウソには思い出がいっぱい詰まっているの」。

「思い出の品は捨てにくい」。じつによく聞く言葉です。

ですが、今の私は、思い出の品を捨てることに、さほど抵抗はありません。**カワウソを捨てても、思い出は消えないことを知っている**からです。

モノは単なるモノであり、思い出は心の中にあるものですよね。もし修学旅行のことを忘れたくないなら、ぬいぐるみの写真を撮って、今の段階で覚えている「思い出」を文章にしたためておくなど、やり方はあります。

じつは多くの場合、こんなことをする必要もありません。というのも、**必要な思い出なら、脳はいつまでも覚えていますから**。

私もそうでしたが、必要以上に「思い出の品は捨てにくい」という思い込みを持っていないでしょうか？

私たちはモノを捨てようとするとき、**「思い出の品」と言いすぎてしまう**ようです。ダンボール箱に詰め込んだ今は使っていない数々の雑貨を片づけるのが面倒なので、「これは思い出の品だから」と**捨てることを先送りする言い訳**に使ってしまいます。

人が記念品をとっておく理由は、手に入れた経緯や象徴する出来事を忘れたくないからです。思い出の品はよくも悪くも過去の象徴です。素敵な思い出がいっぱいあるのは素晴らしいことです。

私の娘も、昔バレエを習っていたとき履いていたトゥシューズをまだ持っています。昔学校で書いたレポートやノート、通知票など、自分のがんばりを表しているものは、私たちを勇気づけ、気持ちを和ませてくれます。だからこそ大事です。

ただ、あまりに数を持ち過ぎたら、それはもう、「貴重な思い出の品」から、なんだかわからないけど雑多なモノたちの一つになってしまうと思うのです。

「大事な思い出の品」と言いながら、段ボール箱に入れて物置やベッドの下に押し込んでいたりしませんか？　思い出の品が今の暮らしをより明るくしてくれるなら、何年も箱に入れて、ほこりだらけのまま放置するのは、寂しいですよね。


私自身は、「思い出の品だから」という理由で持っているものは写真ぐらいになりました。もし、思い出の品がたくさんありすぎるなら、一つか二つだけを選んで、すぐに手に取れるところに置くようにするのはいかがでしょうか。

思い出の品がスペースを取り過ぎて、今の暮らしを楽しめないのは、もったいない気がします。やはり**いちばん大事なのは、今この瞬間の生活**だと思うのです。

言い訳４──これ買ったとき高かったから

たとえばこんなケースです。

昔、京都で買った友禅の着物は40万円でした。１度着ただけで、その後はずっとタンスに眠っています。

「捨てたいけど、捨てられない。だって、高かったの」

高額でもったいなくて捨てられないというのも、捨てられない典型的な理由です。

ですが、この「もったいない」というハードルは意外と簡単に乗り越えられます。捨てるのはもったいないと言いながら、袖を通さない着物をたんすの中に何年も眠らせておくほうがもったいないのは、よく考えればわかることだからです。たんすの中にいくら入れておいても、その着物に支払ったお金は返ってきませんよね……。

こういう「もったいなくて捨てられないモノ」を捨てずにそのまま持っていたら、はたして何が起きるでしょうか？

まず、大きな物なら場所をふさいで邪魔になるでしょう。小さな物でも、それを目にするたびに、「40万円も出したのに、着ないなんてもったいない」「こんなムダ遣いしてしまって、私、バカよね」と自分を責めて、後悔で胸が痛みます。

お金はともかく、**罪悪感や後悔は心を重くします**。たとえ買ったとき高かったものでも、使っていないなら、今すぐ捨てたほうが結果的には「ずいぶんお得」なのです。

私には、「高価だったから」という理由で、これまた30年以上持っていたモノがあります。20代のとき、ジュエリーの展示会で買った指輪です。トパーズの指輪のデザインが気に入り購入しましたが、もともと指輪をしないので、実際に指にはめたのは、通算して24時間もないでしょう。

30年で1日しかはめなかった指輪に払ったお金は、20万円。貧乏な私には大きなお金です。持っていても邪魔にならないので、長年しまっていました。

そのうちだんだん年をとり、私は指輪が似合う人からどんどんかけ離れていきました。とうとう約1年前、やはり全然つけなかったネックレスと一緒に手放しました。

不思議と損をしたという気持ちはありません。捨ててスッキリしました。「もったいない買い物をした」という罪悪感から解放されたのです。

結局、人は変化を恐れてしまう

いつか使うかもしれない、もったいない、高かったから……など、いろいろ理由をつけて、人は捨てることを先延ばしにします。

しかし、こうした心理の裏にあるのは、つまるところ、**「失うのが怖い」という恐怖心**なのではないでしょうか？

何か一つでもモノを捨てると、今の生活が変わってしまう、今の暮らしを失いたくないと無意識に恐れているのかもしれません。

今の暮らしを失いたくないというのは、変わりたくないという気持ちでもあると思います。変わりたいけど変わるのが怖いのです。

だから逆に、変わりたい気持ちが強いなら、モノを捨てるべきだと思います。

自分を変える第一歩としてモノを手放す

私は去年の夏、昔の日記帳を数冊捨てました。娘が生まれた1998年から2010年までの日記です。連用日記を使っていたので冊数は少ないです。

カナダに来てから毎日、日記をつけていました。初めの頃は、さまざまな事情で暮らしが安定せずつらいことばかりでした。そういうことが延々と綴られた日記です。

多くのモノを捨てた後もこの日記は捨てられずに持っていました。娘が生まれたときのこと、小さかったときのこともたくさん書いてあるし、写真も貼ってあります。ときどき読み返しては「ああ、あの頃はつらかったな。それに比べれば今はまだましだ」なんて考えていました。ですが、結局手放しました。

きっかけはジョギング中に昔の知人、Mさん（男性）に会ったことです。Mさんは私より一回りぐらい年上で、カナダに来た当初、いろいろお世話になった方です。

Mさんとは共通の知人の話で盛り上がりました。私の知っている人（日本人）がビジネスに成功して、今は億万長者だとか、そんなことをMさんは教えてくれました。

Mさんと別れたあと、ここ15年間ぐらい全く考えなかった人たちのことが、一気に思い出されました。昔、ずいぶんつらい思いをしたことも。もうすべてふっきれているのですが、やはり思い出すと胸が痛いのです。

この時、「日記を捨ててしまおう」と思いました。過去のことは、さっぱりと水に流して、新しい風に吹かれるために。

日記を捨てなかったのは、今一つ、**新しい世界に立ち向かう準備ができていなかった**からだと思います。実際、日記を捨てた後は、前より覚悟ができていろいろなことがうまくいくようになりました。

今の暮らしに満足しているか？　幸せを感じているか？

もし、今の生活に満足しているのなら、無理にモノを捨てることもないと思います。ですが現状に不満があって、もう少しこうだったらいいなという気持ちが少しでもあるのなら、自分を変える第一歩として、モノを手放すことをおすすめします。

「決断疲れ」していませんか？

モノを減らすメリットの一つに、「決断疲れ」から解放されるというのがあります。

人生は選択の連続です。コスメや洋服を選び、SNSをチェックしようかどうか、このメールに返事をしようかどうかと、日々小さな決断を矢継ぎ早にしなければなりません。人は毎日の暮らしの中でたくさんの意思決定をしています。

人が物事を決める精神力（メンタルパワー）は無限ではありません。

「何かを決める」という行為をすればするほど、脳は疲れて、判断力が鈍り、うまく物事を決められなくなります。これが、「決断疲れ」です。

決断疲れに陥ると、うまく自分で決めることができなくなります。決断することをやめてしまい、元気なときには考えられないバカな決断をしてしまうこともあるのです。

私自身の経験ですが、決断疲れすると衝動買いも増えます。

買い物をするとき、通常は値段とその商品が自分にもたらす価値を比べて、価値のほうが高いと判断すれば買いますよね。

でも脳が疲れていると、何も考えたくなくなり、衝動のままに買ってしまう……。決断ができないことで、お金もその買い物にあてた時間もムダにしてしまいます。

日常的に決断疲れをしていると、いろいろなことが面倒になります。何もする気が起きなくなったのです。

「掃除が面倒くさい」のは部屋にモノが多すぎるせいもありますが、それゆえに毎日決断疲れをしていて、掃除というごく単純な家事をすることさえ億劫になっていることも考えられます。**モノを減らすことは決断する機会を減らす行為**でもあるのです。

ちなみに、モノを捨てる段階で「決断疲れ」してしまうこともあります。まずは捨てようと引っぱり出したモノを見て、決断を先延ばしにするのをやめてみましょう。引っぱり出したら、今その場で決めます。

先延ばしにすると、意思決定する機会が一つ余分に増えます。**「迷ったら、捨てる」**と決めてしまいましょう。

本当に必要なモノは2割だけ

私はさまざまな捨て方を試行錯誤するうちに、**私たちの所持品にもパレートの法則が働いている**と思うようになりました。

パレートの法則は、「物事の結果の8割は2割の原因から生じる」と考える経験の法則です。たとえば、企業では顧客の20%が売上の80%を生み出している、作家の20%がベストセラーの80%を書いている、といった事例もあり、物事の重要な8割はたった2割の要素が握っていると捉えることもあるようです。

あくまでも法則にすぎませんが、私たちの所持品にもあてはまりそうです。ふだん着ている洋服を思い浮かべるとイメージしやすいかもしれません。毎日のコーディネートは、気に入っている服、着やすい服、合わせやすい服、といったごく一部の服のローテーションで成り立っていないでしょうか？

私自身、かつてたくさん洋服を持っていましたが、実際よく着る服となると全ワードローブの数割にすぎなかったことに気づかされます。このことは、私たちの所持品のうち8割はあまり必要がなく、モノはもっと減らせるという可能性を示してくれます。

捨てる恐怖を楽しさに変える！

失うのが怖くてなかなかモノを捨てられないとしても、いざ手放してみると、案外平気なものです。

「怖い」という気持ちは、「楽しみだ」という気持ちとよく似ています。

子どものとき、クリスマスやお正月が楽しみではありませんでしたか？クリスマスやお正月は、その日が来るのを指折り数えて、わくわく待っているときがいちばん楽しいですよね。当日は、思いのほかあっけなく終わります。

モノを捨てる「恐怖」もこの「何かを楽しみに待つ気持ち」に似ています。その先にあることを勝手に頭の中で想像しているのです。

つまり、恐怖は、人が心の中でつくりあげている妄想や思い込みにすぎません。

いざ失ってみると、もう恐怖はありません。そこにあるのは解放感です。

じつは、今の暮らしをもっとよい暮らしに変えるためにいちばんいい方法は、**現状を壊す**こと。そうするために、「モノを捨てること」は素晴らしい効果があります。

恐怖心を乗り越えて、使っていないモノを捨てれば、解放感が得られ、新しい世界が広がります。その先には心の平安があるでしょう。

もし、今の生活にあまり満足していないなら、人生を変えたいと思っているのなら、ぜひ一度、捨てることを試してください。

では、次章から「捨てる準備」をしていきましょう。

第2章

「捨て方」にも技術があった！

――1週間で8割捨てるためのウォーミングアップ

15分で27個捨ててみる

ここまで読んで、今すぐ何かを捨てたくて、うずうずしている方にとっておきの方法をお教えします。どんな人でもこれなら、絶対に捨てられる方法です。

まずは、**片手にゴミ袋を持って、早速捨てていきましょう。**

「今すぐに？」「準備は？」「まず何を捨てればいいの？」

細かいことは考えなくて大丈夫です。部屋を見渡せば、すぐに捨てられるものはたくさんあるはずですから。

アメリカの「ＦｌｙＬａｄｙ．ｎｅｔ」という無料のお片づけお助けサイトの方法を参考に、私が片づけに利用していた「15分で27個捨てる方法」を紹介します。

やり方はこんな感じです。

1　タイマーを15分にセット
2　ゴミ袋をつかむ
3　タイマーをスタート
4　家中を走り回って、捨てるものをゴミ袋に放り込む
5　27個集まったら、袋ごと、ゴミ箱に捨てる

これは**「捨てる」加速がつく方法**です。もったいなくて、モノがなかなか捨てられなかった人でも、不用品だったら自分だって捨てられると自信を持ち、捨てる快感を味わうことができます。

捨てる27個はテーマを決めてもいいと思います。たとえば、ゴミではなく、その部屋にあるべきではないものを集めたり、寄付するものを集めるというように、です。

私は独自にテーマを決めてモノを捨てたこともありました。たとえば、27着の服、27枚のCD、27冊の本など。種類別にするとハードルが高くなりますが、**捨てる効果は抜群**です。いずれにしろ、ルールはできるだけシンプルにしておきます。やりやすい方法で、とにかく15分間だけ捨て続けてみてください。

捨てるのが苦手な人でも必ず捨てられるモノとは？

「27個捨てる方法」で手が止まってしまう人は、簡単なモノを捨てて、経験値を高めるのがいいと思います。

どんなに捨てるのが苦手な人でも、必ず捨てられるものがあります。たとえば以下のような限りなくゴミに近いモノです。

1 ――明らかなゴミ

誰が見ても明らかなゴミは捨てられますよね。たとえば空のペットボトルやジュースの空き缶、お菓子の包み紙、紙くず、レシート、洋服についていたタグや包装紙。ショップの袋。

冷蔵庫の奥で忘れ去られているカビが生えている食品、匂いがついた残り物、変色してしまったお肉、ほとんど残っていない調味料など、どんどん捨ててください。

2　期限切れのモノ

調味料や乾物、缶詰を入れてあるスペースをチェックしてみましょう。賞味期限切れのものはないでしょうか？

冷蔵庫の中も忘れずに。賞味期限を2、3日過ぎているくらいなら食べられる食品もあるかもしれませんが、そんなことを言っていてはいつまでたっても捨てられないので、ここは**「期限を過ぎていたら手放す」と決めてしまいます。**

賞味期限があるのは食品だけではありません。薬や化粧品もそうです。薬には使用期限が書いてあるはずです。化粧品は、自然派のものしか書いてないかもしれませんが、もし書いてあったら厳守して捨ててください。もちろん、明らかに変質しているものを発見したら、今すぐ捨てます。

期限切れの商品がたくさんあるのは、消費しきれない量をストックとして買い込みすぎているということです。そこに気づくことが大切です。

期限切れという意味では、期限の切れた保証書、割引券、クーポンも捨てられますよね。今は使っていない家電のマニュアルもお忘れなく。

3 ― サンプル、無料のモノ

洗面所やドレッサーに化粧品売り場のカウンターやドラッグストアでもらったサンプルがたまっていませんか？　使っているものは残しておいてもいいですが、全然手つかずならこの機会に捨ててしまいましょう。

液体やクリーム状のコスメが入っているパウチは、製品のボトルに比べて中身が変質しやすいようです。この手のサンプルはもらったら**すぐに使うことを想定している**からです。使うタイミングを逃してしまったら処分しましょう。

自分で買ったわけではなく、無料でもらってしまった粗品も捨ててください。

たとえば映画館や美術館に行ったときにもらったチラシやパンフレット、スーパーでもらったレシピの書いてある小冊子。セールスマンが置いていったボールペンにメモ帳、エコバッグ、店でもらったポイントカード、などなど。

身の周りを見てみると、思いのほか、「無料でもらったもの」にあふれています。

こうしたモノは、なんとなくそのへんに転がっていることが多いはずです。人は基本的に、**無料でもらったモノは大事にしません。**そもそも、自分が気に入ってお金を出して買ったものですら持て余しているのですから。

私たちの家には、無料のモノを入れておくスペースの余裕はないはずです。

4 ― 空き箱、空き瓶、空き缶、空き袋

この手のモノは、中身はとっくの昔に使ってしまったのに「何かに使えるかも」と思って保存しがち。ですが、ここで考えてみてほしいことがあります。包装に使われていた箱や袋は、本体（中身）を店から家に運び終わったら使命を終えています。そもそも、**パッケージがほしくて買ったわけではないのだ**、ということです。

私もかなり長い間、空き箱や空き袋をとっていましたが、使う機会はほとんどありませんでした。そもそも、目的があって手に入れたものではないので、再利用するのも難しいんですよね。

明確な使い道や、3カ月以内に使う見込みがなければ捨てましょう。

5―壊れているもの

壊れたドライヤー、時間がどんどん遅れる目覚まし時計、ヒビが入っている鏡、縁が欠けたお皿や器、取っ手が取れてしまったお鍋。部分的に壊れていて、騙し騙し使っていたモノは今すぐ捨てられるはずです。

6―ダブっているもの

同じものが2つ以上あったら、使いやすいほう、好きなほうを残して、後は捨てましょう。たとえば缶切り、ハサミ、爪切り、ヘアブラシなどの雑貨は粗品でもらうことも多いので増えてしまいがちですね。引き出しの中をていねいに調べ、間引き捨てしてください。

実際に捨ててみていかがだったでしょうか？　意外と捨てる快感がありませんでしたか？　まず、捨てることに慣れることが大事です。1日15分でも捨てる時間をとることで、捨てる準備が整います。

捨てる行為には盲点があります

今からモノを捨てるにあたり陥《おちい》りがちな5つの盲点を紹介します。

盲点1 ——「正しい捨て方」とは？

辰巳渚さんの『「捨てる！」技術』（宝島社）が出版されて話題になったのが2000年の春。もう16年も前のことです。その後も、やましたひでこさんの「断捨離」シリーズや近藤麻理恵さんの『人生がときめく片づけの魔法』などに代表される、モノの捨て方がテーマの本はたくさん出版され、ベストセラーになっています。

このようにノウハウは豊富に出ているのに、相変わらず大量のモノに囲まれて暮らし、不用品の処分に悩んでいる人が後を絶ちません。いったい、なぜでしょうか？

これには2つの理由があると思っています。

一つは、ノウハウ本がたくさん出ているために、**捨て方にこだわってしまう**こと。もう一つは、**片づけに関する基本原則を忘れてしまっている**ことです。たとえば、「モノは場所ごとに捨てたらいいのだろうか」「それともモノのカテゴリーごとに捨てたらいいのだろうか」「捨てるモノはどういうふうに処置したらいいのだろうか」など、考えすぎてしまう、いわゆる「正しい捨て方幻想」があるからです。ノウハウにこだわってしまうのは、まじめで几帳面な国民性を持つ私たち日本人の特性かもしれません。

私はモノを捨てるのは、ただ「家にある不用品を外に出す行為」と割りきっていました。

片づけの目標はあくまでも、モノを減らすこと。その**目標さえクリアできていれば、やり方にこだわる必要はない**。そうマインドを切り替えたのです。

私自身も最初はやり方にこだわっている部分がありましたが、結局は、目の前にあるものを捨てるしかないと気づきました。

そもそも、人によって持ちすぎているモノも、収納のクセも、生活環境も違います。モノを捨てるという目標を達成するために、「捨てる」ことだけにフォーカスするしかありません。

盲点2――掃除と断捨離は似て非なるもの？

「断捨離」は、「もったいない」という考えを取り除き、いらないモノは捨てて、快適な生活を取り戻そうという考え方です（『断捨離』を執筆したやましたひでこさんが提唱）。「断捨離しなさい」という主張に多くの人が賛同し、日本中が捨てることに夢中になりました。

ところが断捨離をしているつもりが、単なる掃除になっていることがあります。これが2つ目の盲点。**断捨離と掃除は似てはいますが、じつはまったく違うもの**なのです。

「でも、掃除するときにモノを捨てますよね？」

そんな声が聞こえてきそうです。たしかにモノは捨てますが、掃除で捨てるものは明らかなゴミが多くないでしょうか？

掃除は、ゴミらしいゴミを捨てれば捨てる作業が終わります。あとは部屋に散らばっているモノを元の場所に戻したり、並べ直したり、別の場所に移動させたりします。つまり**家の中からモノは出ません。**

ここが盲点です。家の中からモノが出ないと、モノの絶対量が変わりません。収納場所がモノの量に対して小さい場合、しばらくするとまた掃除をするはめになります。**掃除→散らかる→掃除→散らかるというプロセスを、ずっと続ける**ことになります。

もちろん、身の周りの掃除は、生涯ついてまわりますが、ここに「モノを捨てる」という行動をはさみこむと、**散らかる→どんと捨てる→掃除→やや散らかる→また捨てる→掃除→少し散らかる、と次第に散らかり具合が少なくなります。**

掃除をしていてもほとんど状況は変わりませんが、**捨てるアクションを入れると、掃除はラクになり、次第に周囲が片づいていく**のです。

掃除や収納は現状維持をするための対症療法で、モノを捨てることは根本的な問題にメスを入れる、原因療法です。

掃除をしただけでも、その場所は片づいてきれいになるため、達成感があるでしょう。ですが、掃除の落とし穴はここにあります。

掃除を続けているだけでは、モノの数が変わらず、いつまでたってもスッキリした環境を手に入れることができないのです。

盲点3――「ときめき」で捨てられない理由

日本はもちろん、全米でもベストセラーになった近藤麻理恵（こんまり）さんの『人生がときめく片づけの魔法』（サンマーク出版）を読んで、どんどんモノを捨てられたという人はたくさんいます。

その反面、ブログの読者の方々とのやりとりを通して、本を読んでもまったく捨てられなかったという人も同じくたくさんいるのでは？　と考えるに至りました。

おそらく誰も指摘していない、意外な落とし穴があると思いました。

こんまりさんは「同じカテゴリーのモノ（洋服や小物など）を全部出して捨てる」「一つひとつ触って、ときめくか／ときめかないかを自分に聞いて、ときめくものだけを残す」と書いています。

私自身、本を読んだ当時、考え方にとても感銘を受けましたし、すでにモノを捨てられるようになっていたこともあって、より捨てることができました。

ですが、モノを捨てることに慣れていない場合には、この**「触る行為」が、モノに執着させ、捨てづらくしてしまう**と思ったのです。


触ること、触覚というのは、想像以上にパワフルな感覚です。

触覚は、人間が生まれて最初に知る感覚です。赤ちゃんがお母さんの子宮の中にいるときに、最初に覚える感覚が触覚です。皮膚には触覚受容器というセンサーがあり、人は誰かに触れることで、さまざまな感情を伝え、受け取ることができます。

誰かが悲しみの淵にいるとき、なぐさめる言葉が出てこなくても、私たちはそっと手を握って肩に触れるだけで、自分の気持ちを伝えることができますし、また相手もその気持ちを受け取ってくれます。

ほんの数秒触れるだけで、人はコミュニケーションができるのです。

人は人に触ることで、ある種の感情を伝えているという実験結果もあります。たとえば、怒り、恐怖、嫌悪感、愛、感謝、共感、幸福、悲しみといった感情です。

触覚が活躍するのは、人に触るときだけではありません。モノに触っても、私たちは、いろいろな感情を持ちます。

まだ言葉をあまり知らない赤ちゃんや子どもはいろいろなモノを触って、それがなんであるか理解しようとします。大人でも、この服はスムーズで触り心地がいいとか、この石はひんやりして気持ちいいとか、対象に触るだけで、さまざまな感情がわきますよね。**モノに触ることは、人の感情を揺り動かす**のです。

このことは、こんまりさん自身も本に書かれています。気持ちをこめて洋服をたたむとき、手からエネルギーを送ることができると。

はじめて読んだとき、「そんなバカな」と思ったのですが、触覚の持つパワーを考えると、十分にありうる話だと思います。**人は何かに触っているうちにその対象に、感情的なつながりを感じます**。また、触っている時間が長ければ長いほど、より価値を感じる傾向があります。

いざ捨てようとしたとき、「これはもういらないかな」と思って片づけるために触っているのに、モノに対して執着が出てしまう。

私はこのことに気づいてから、なるべくモノに触らないで捨てることにしました。

もちろん、モノをゴミ箱なり寄付箱に入れるのに、触らないわけにはいきません。

そこで、私はこんな方法を編み出しました。

「捨てよう」と思ったら、さっとつかんでゴミ箱へ。つまり触る時間をできるだけ短くしたのです。**「つかむ、捨てる」をワン・ツーと2アクションで終わらせます。**

・「捨てよう」と思ったら、再検討はいっさいしない。感情を入れず、きわめて事務的に捨てる。

・いちいちモノを手にとって、しげしげと見ない。

こんまりメソッドでなかなか捨てられない方は、ぜひ試してみてください。

盲点4 —— 不用品をお金に換える

基本的にどんなアイテムからでも、どんな場所からでも捨てていいと思っている私ですが、一つだけ心がけていることがあります。

それは**モノを捨てるときは、お金にしようと考えない**ことです。私はゴミとして捨てるもの以外は、すべて寄付しています。

私が捨てたモノの処分方法は、①捨てる（リサイクル含む）、②人にあげる、③地域のチャリティセンターに寄付する、の３つです。

数年前に、ランニングシューズを買いましたが、買ってすぐ手放してしまいました。店や自分の部屋で試し履きしたときはちょっときつめだけど大丈夫と思っていたのです。ところが、実際に履いて外を走り始めたら、足の甲がすごく痛くなりました。

すでに外を走ってしまったので、返品はできません。ワンサイズ上の同じ靴を新しく買い求め、この靴はいつものチャリティセンターに持ち込みました。１００ドルぐらいしたので娘に、「もったいない、オークションで売ればいいのに、バカじゃないの？」と言われました。

たしかに、まだ使えるモノをフリマやガレージセール、オークション、委託販売などを利用して売るとお金をつくることができます。賢い処分方法だとも思います。

しかし私はやりません。**売ろうとすると「捨てること」に集中できない**からです。

「これ、後で売ろう」と思うと、そういうモノだけを区分けして家の中のどこかに置くことになりますよね。オークションで売り慣れている人はすぐに売ることができるでしょうが、売った経験がない場合はどうなるでしょうか。

そういう場合は、まずオークションのサイトに登録して、オークションの仕組みを調べることからはじめなければならないでしょう。途中で面倒くさくなり、嫌になって、「やっぱり捨てるのをやめよう」なんてことになってしまうかもしれません。

シンプルに不用品は捨てる。これでほとんどは解決できるのです。

ミニマリストの最大の敵は家族かもしれません

「せっかく捨ててつくったスペースに夫がモノを置いてしまいます（怒）」
「義理母が私の捨てたTシャツを、もったいないと言って着ています」
「子どものおもちゃが無制限に増えて困ります」

ブログの読者からの「捨てる悩み」で際立って多いのが、家族にかかわることです。こうした悩みの根本にあるのは、**「自分は一生懸命に捨てているのに家族がモノを増やして邪魔をする」**という声です。この気持ち、私もよくわかります。

じつは私の夫も、モノを捨てないタイプ。おまけに高校3年生の娘は、洋服を床に脱ぎ捨てるという片づけられないタイプでもあります。

もし家族が、「片づけられる人たち」だったら、どんなにスッキリした家に暮らせることだろうかとため息をついたのは、一度や二度ではありません。台所やリビングルームの片づけをするたびに、何度もストレスを感じてきました。

6年前のこと、自宅のリビングルームの片づけに精を出していると、部屋の片隅に夫が近所のおじいさんからもらった古くて大きな椅子が置いてありました。

この椅子は布張りの肘掛け椅子でロッキングチェアのように揺らすことができます。すでに居間には黒い革張りのソファが2つあったので、肘掛け椅子など必要ないのに、夫が余計なものをもらってしまったことが、最初の不満でした。

この椅子だけ、革張りソファと見かけが全然違っていたので、ほかの家具とマッチせず、見るからにガラクタの雰囲気を醸し出していました。さらに夫がこの椅子に座って少し体を動かすたびにギーギーと耳障りな音がするのも気に入りませんでした。

夫がこの椅子を自分のくつろぎコーナーにして、すぐそばの作り付けの棚に自分の読みたいカタログやフリーマガジン、おやつ、筆記具など、手元に置きたいものを置き、足元には、自分のかばんやヘッドフォンなど身の周り品を置いていました。

私は、夫のくつろぎコーナーに手を出せませんでした。

どんなにリビングルームのモノを減らしてきれいにしても、この一画だけが、まるで夢の島のような雰囲気を醸し出していたのです。

「自分に厳しく、他人に甘く」を心がけよう

このように、家族がいる方は、片づけをしているとき、家族の所持品が邪魔に見えることがしばしばあります。言うまでもありませんが、どんなに家族のモノが邪魔でも人のものを許可なく捨てていいことは一つもありません。

勝手なもので、**人は自分のモノは全部大事に思えますが、他人のモノはガラクタに見えます**。押入れの奥のほうにあるものは、家族も十中八九忘れているでしょう。だからこそ、捨てたい衝動にかられるでしょうし、実際捨てても気づかないでしょう。

しかし、これは危険です。信用問題にかかわります。

今はそのモノの存在を忘れていたとしても、数日後、数カ月後、数年後に何かの拍子にふっと思い出すかもしれません。自分がしまっておいたモノが、他人によって勝

手に処分されていて、うれしい人はいませんよね。

私はふだんからモノをよく捨てているせいか、私が捨てたわけでもないのに、探し物をしていた家族に、「もしかして捨てた？」と濡れ衣を着せられることがあります。単にモノが多すぎて、目当てのものをさっと取り出せないのは夫なのに……。たいてい後になって夫が探しているモノが出てきます。

こういったトラブルを避けるためにも、相手に頼まれでもしない限り、「他人のモノには手を出さない」というルールを自分に徹底しておくのがいいと思います。


以前、娘の部屋を片づけていて、捨てるべきではなかったモノを捨てたことがあります。ゴミだと思って捨てた美容パックの箱に「じつは中身が残っていた」と娘に怒られたのです。ドラッグストアに新しいパックを買いに走りました。

これまで自分で捨てたものに関しては、何一つ「捨てるんじゃなかった」と後悔したものはありません。しかし、このパックに関しては、捨てなきゃよかったかも……と走っているときに思ったのでした。

他人は変えられない

私は、夫と家事の仕方やモノの片づけ方で何度も衝突した体験から、一つの真理に達しました。それは、他人の行動を変えることは不可能で、自分が変えることができるのは自分の考え方や行動だけであるということです。

どんなに家族の行動が、自分の捨てるプロジェクトの障害になろうとも、相手を変えようとすることは時間のムダなのです。

私に考えや理想の暮らしがあるように、他人にもその人なりの生き方があります。これは、家族といえども尊重しなければならないでしょう。

相手にモノを捨てろ、片づけろと要請しても、徒労に終わります。**人は、自分がしたいと思うことしかしない**のです。

捨てる前に必要なのはゴミ袋より「決意表明」

実際にモノを捨てる前に、次のような3つの心の準備をしておくのがおすすめです。

準備1　捨てる決意をして、自分は必ず捨てられると、自分を信じること。
準備2　なぜ自分がモノを捨てるのか、捨てる目的や理由を明確にすること。
準備3　捨てたらどんないいことがあるのか、メリットについて考えておくこと。

これまで、「片づけようとしたけれど、なかなか思うようにいかない」「いったん片づいたのに、知らないうちにリバウンドしてしまった」という人もいるでしょう。
ずっと片づけたいと思っていたけれど、どこから手をつけたらいいのかわからない、モノの多さに怖じ気づいてスタートできないという人もたくさんいます。

逆に衝動的にどんどん捨てて、大切なものまで捨ててしまって後悔したことがある人も、中にはいるかもしれませんね。

私はモノを徹底的に捨てることは、そんなに簡単なことではないと考えています。なんとなく場当たり的に捨てはじめると、時間がたつにつれて部屋の中は以前のように戻ります。だからこそ技術が必要ですし、「捨てよう！」と決意したら、「私なら必ずできる」と信じることがじつは大事なのです。

準備1――自分ならできると信じる

先にお伝えしたように、私は一度モノを手放したのに、子どもが生まれてから、またモノを増やしてしまった経験があります。このとき、「やっぱり、子どもがいるとシンプルライフは無理なのかも」と一度はあきらめかけました。

モノを捨てられない夫に、「寝室に本が多すぎる」「カナダに来てまだ3年もたっていないのに、ガラクタばかりだ」と言われました。図星だっただけに、猛烈に腹がたつとともに、自信を失っていました。

そんな私が、なんとか立ち直って、片づけを続けられたのは、「必ず、きれいな部屋にしてみせる。私にはそれができる」と自分を信じたからだと思うのです。

自分を信じられた根拠はありません。しかし、自分でできないと思ったら、そこでゲームオーバーです。自分を信じることしか、そのときの私にはできませんでした。

準備2――自分なりの捨てる理由を明確に

捨てる前の準備として、「なぜ、私はモノをたくさん捨てるのか？」という問いに対して、自分なりの答えを出しておくといいと思います。

「少しでも掃除をラクにしたいから」

「ごちゃごちゃの部屋を見るのが耐えられないから」

「床に積み上げた雑誌につまづくのに疲れたから」

「来週、子どもの家庭訪問があるから」

「近々引っ越しするから」

片づけをする理由や目的に正解や不正解はないので、自分なりのビジョンを描けば大丈夫です。

準備3――なりたい自分のゴールを設定する

私が初めてモノを捨てた理由は、ありきたりですが汚部屋を見るのにうんざりしたからです。私はもともとシンプルライフに憧れていました。

必要最小限の家具だけで、モノのある場所はすべて決まっていて、探し物をしなくていい暮らしが理想だったのです。

たとえば、1週間で徹底的にモノを捨てたいと思うのならば、「捨ててこうありたい」というゴールを思い浮かべましょう。

「片づけをするのはあくまで自分だ」

そう声に出すと意志が固まり、作業が楽しくなるかもしれません。誰かに**「片づけさせられている」と感じてしまうと、片づけがつらくなってしまう**からです。

最初から、自分はどうなりたいのかという大きなゴールを考えることが難しいならば、まずは小さなゴールを決めて、一つひとつクリアしていきましょう。

たとえば、「畳の上に寝転がって本を読みながら、おせんべいを食べることができるようになりたい」というゴールがあれば、「まずは床に転がっているモノを拾おう」となります。

「寝る前にベッドの上にある洋服をどけなくてもいい部屋にしたい」と思うなら、まずはクローゼットの中を片づけて、服を全部しまおうとなるでしょう。

片づける前に小さなゴールを決めておくと、**たとえ5分しか片づけができなかったとしても、自分が目標に向かって少し進んだと実感**でき、「またがんばろう」と思えます。片づけのモチベーションを維持できて、挫折しにくくなります。

経験者が語る、モノを捨ててよかった理由

本章の最後に、モノを捨てるメリットについて再確認しておきましょう。

「捨てると今より探し物が減るかな」「余計なモノを買わないからお金が貯まるはず」「友だちをいつでも呼べるようになる」「部屋をスッキリさせて、好みのインテリアにしよう」……などの個人的なメリットでかまいません。

私自身、捨てたメリットはじつにたくさんありました。

部屋がスッキリすると単純に気持ちがよく、モノを探しまわる必要がなくなり、掃除がラクになって時間ができました。

そして、**ストレスがないため、心身の健康も手に入った**のです。

さらに、周囲にあるモノは、私たちの集中力をそぎます。それぞれが、**「私を見て、私を見て」**と自己主張するので気が散り、本来やるべきことに集中できないのです。

私のブログ読者のみなさんは、モノを捨ててよかった理由を**「時間ができた」**といいます。所持品が減れば当然、管理していた時間が浮きます。探し物をする時間は減るし、掃除がラクになります。おもちゃを100個しまうのと、一つだけしまうのとどちらが大変かは、考えなくてもわかりますよね。

とくに主婦は、家族に「あれ、どこにある?」と聞かれることが多いと思います。そういうとき、「自分で探してよ」と言う代わりに、何も考えずに、さっと取り出せれば本当にラクです。家族のモノだけではありません。自分のモノも同じです。たったこれだけのことで、驚くほどストレスが減りました。

「持たない生活」でお金が貯まる

メリットの2つめは、モノを持ちすぎないとお金がどんどん貯まることです。「なんでこんなモノを買ってしまったんだろう……」

少しずつ所持品を捨てはじめると、たいていの人が自分のムダ遣いに気がつきます。また、**モノを捨てることは、自分の過去の選択の失敗を認めること**にもなるので、つらい気持ちになるかもしれません。

ですが、たとえば服の場合、捨てる作業を続けると、好みや着たい服が次第に明らかになってきます。着ない洋服を捨てることは、今後、自分が着る本当に好きな服を選別することになるからです。

逆に、自分の目指すスタイルや、**なりたい自分をはっきりさせることで、着るべき服を選びとることもできる**と思います。残すべき服もすぐに判断できるでしょう。

自分の着たい服がわかると、迷いがなくなるので余計な服は買わなくなります。買い物が多すぎる人は、本当にほしいモノがわかっていないのかもしれません。私もそうでした。

モノを減らすことで自分の定番ができるので、いろいろと買い揃えて使い勝手を比べることもなくなり、買い物に失敗することも減ります。

モノを捨てると身軽になる、自由になる

私たちが買い物をする理由はさまざまです。

本当に欲しいモノや必要なモノはもちろん買います。ですが、暇つぶしのための買い物、ストレス解消のための買い物、単なる娯楽のための買い物……など、**満たされない自分を埋める買い物がある**のです。

私自身、モノが減ると日々の悩みも減り、ストレスを発散させるための買い物が減りました。モノを捨てながら、常に自分の理想の生活を思い描くので、本当にやりた

いことも見えてきました。

すると、暇つぶしのためにしていた買い物や、娯楽としてのショッピングも減ります。そういう理由で、お金は大幅に手元に残るのです。


住環境がよくなると、ストレスは減り、自分の欲求がわかれば、当然心身が健康になります。ぐちゃぐちゃの部屋は物理的に汚いです。チリやほこりがいっぱいの場所はダニなどの虫の温床、病気の原因になる可能性もあるでしょう。

汚部屋からきれい部屋の住人になり、自分の人生の目的を見つめながら、したいことをする生活は心穏やかで充実感に満ちています。

「モノを捨てると身軽になる、自由になる」

モノをプラスせずにマイナスしたほうが、人生がガラリと変わるのです。

第3章

いよいよ開始！「1週間で8割捨てる」プラン

「プライムゾーン」からはじめれば、どんな人でもモノは減らせる

8割はムダなことを知るために

私は人生の半分を「モノを減らす」ことについて悩んできたといっても過言ではありません。ですが、ぼんやりと試行錯誤してきたわけではありません。捨てながら、たくさんの学びと気づきを得てきました。

捨てることに慣れてきたら、いよいよ1週間で8割捨てていきます。なぜ1週間なのかというと、それには理由があります。

1週間で「捨てる」経験値を高めよう

毎日、コツコツと捨てることで片づけを継続できる、という人もいます。ですが、毎日5分の片づけでいったい、いつ終わるのでしょうか？　ちょっと気が遠くなりそうですよね。

私個人の経験から、まずは1週間だけ、毎日、**とくに自分がモノを溜め込んでいる場所を集中的に片づける**ことがおすすめです。1週間毎日行うのは、捨てることを習慣づけたいからです。どんなに忙しくても、1週間という期間限定なら継続しやすいと思います。

まずは1週間、「捨てること」を続けて乗り切れば、視覚的な達成感が得られます。その結果、「自分でも捨てられた」という自信が得られ、**もっときれいにしたいと欲が出てきます。**

モノをたくさん持っている人は、「1週間で全部を片づけろと言うの!?」と思うかもしれませんが、家の中にあるガラクタすべてを1週間で捨ててしまうことではないので安心してください。

そもそも1回や2回の片づけで、家中のガラクタを捨て切ることなどできないでしょう。なぜなら、私たちの生活も周囲もつねに変化しています。これだけ捨てたら終わりということはなく、いったん捨てても時間を置いて見直す必要があるからです。

そこで、まず1週間だけ、家の中でもっともモノをため込んでいる場所を**片づけな**

がら捨てる経験値を高め、将来的には家の中にあるすべてのガラクタを一掃することを狙います。この1週間は、「捨てること」を優先順位の3番目以内にして、集中して取り組みましょう。

不思議なことに、いったんガラクタの元凶となっているモノをクリアしてしまえば、**残りもどんどん捨てたくなり、驚くほど片づけが加速します。**つまり1週間の片づけを呼び水にして、いずれは家全体をきれいにしてしまうのです。

捨てるときは、「引っぱり出したモノの8割はいらない」ということを意識してくださいね。

モノを買って使わずにしまいこむのは生活習慣の一つです。この習慣を手放し、使わないものは適宜捨てて、モノを新陳代謝させる習慣を身につけていきます。

人は1週間で変われます。**「変わる」と決めれば、今、この瞬間に変わることができる**のです。

ガラクタ問題の根源「プライムゾーン」とは

１週間で片づけるのは難しいとお伝えしつつ、でも１週間で片づけることを可能にしているのには秘密があります。

それは、「**プライムゾーン**」からはじめるからです。

プライムゾーンとは、とくにモノを溜め込んでいる場所のこと。私はとくにガラクタが詰まっている場所をそう呼んでいます。プライムとは英語で「根本的な」を意味します。**ガラクタ問題の根本的な原因になっている**のが、プライムゾーンなのです。

家の中でもっともモノがたくさんあると思う場所を思い浮かべてください。とくにモノがごちゃごちゃとつめ込まれている場所や、持ちすぎているモノが押し込まれている場所……そこがあなたの「プライムゾーン」です。

一般の家庭でとくにモノをたくさん溜め込んでいそうなのは、**クローゼット、洗面**

所の引き出し、食器棚、机の引き出し、ドレッサーの引き出し、パントリー（食料品を入れる棚）あたりでしょうか。

モノを溜め込んでいる場所は人それぞれですが、誰しもきっと、家や部屋のどこかにプライムゾーンがあるはずです。このプライムゾーンにあるモノを集中的に片づけることによって、家全体の片づけに拍車がかかります。

一気に終わらせようと夢中になりすぎない

「プライムゾーン」から片づけることをおすすめするのには、理由があります。「場所ごとに片づける」「アイテムごとに片づける」など、さまざまな片づけセオリーが提唱されていますが、モノがたくさんあるうちは、**場所ごとに捨てる**のがおすすめだと思います。**モノはすべて、どこかの場所に押し込まれているはずだから**です。

片づけに使う時間は1セット15分

具体的な捨て方ですが、片づけたい小さな場所や、減らしたいモノを選び、まずは全部を出します。

たとえば、調理雑貨が入った引き出し一つだけ、本棚を1段だけ、洗面所の引き出し一つだけ、クローゼットにかけてあるジャケット類だけなど、その日、自分が1～2時間ぐらいで片づけられそうな分だけ中身を出してください。

片づけを一気に終わらせようと夢中になりすぎないことです。一気にやろうとして、その日のうちに片づけきれいないモノをリビングルームや寝室にぶちまけてしまうと、後ほど後悔します。

それぞれの**片づけに使う時間は1回15分**です。タイマーをセットして、捨てはじめて15分たったら終わりです。

ちょっと休憩したら、次のセッションを開始します。

時間が許す限り片づけたいと思うかもしれませんが、**1日1時間半～2時間、5～8セッション**にとどめてください。

私はモノを減らしては増やしてきた経験から、結局は一気に片づけないほうが、たくさんのモノを捨てられる、という考えに至りました。

一気に片づけようとすると脳が疲れてしまい、「捨てる、捨てない」の判断基準が鈍ってきます。「これは別に捨てなくてもいいか」と**自分に甘くなり、時間をかけた割にはあまり片づかなかった**のです。この現象は先に述べましたが、「決断疲れ」によるものです。

少しでも、「捨てられた」という成功体験を得ることができれば、翌日また同じように捨てることができます。こうして**１週間で捨てる体験を積み重ね、捨てる筋力を強化しながらコツコツと捨てていく**ほうがリバウンドも少なく、いずれ家全体のモノを減らしやすいと経験から思うのです。

迷ったら捨てる！

捨て方の手順はいたって簡単です。捨てるモノ、捨てないモノの2つにわけて、捨てるモノは捨てて、残ったモノを元あった場所にしまうだけです。

もし、捨てようか、残そうか迷ったらどうするか？　私は迷ったら、捨てることにしています。直感的にパッパッパと決められないときは、「**迷ったら捨てる**」と決めておくのが、いちばんシンプルです。

迷って捨てないでいると、結局また後になって、捨てようか、どうしようかを判断することになります。だから私は、決断は一度にしています。

何かを手にして捨てようかどうしようか迷うのは、**すでに捨てたい気持ち、邪魔に思っている気持ちが心のどこかにある**からではないでしょうか。

もし、それが、本当に大事なもので、毎日便利に使っているのならば、そもそも捨てたいとは思わないはずです。

だから、「捨てようかな？」と考えるとき、すでに、それは私たちの中で「いらないモノ」になっています。

ただ、人は、いざ捨てようとすると執着が出てしまうので、迷ってしまうのですね。

実際、モノを捨ててみるとわかるのですが、迷ったあげく捨てても、**後になって捨てなければよかったとか、買い直すことになった、なんてことはほとんどありません。**

捨ててしまったら、すぐにそのモノのことを忘れてしまいます。

この1週間は、たとえ迷っても、思いきって捨ててみましょう。

では、ここからが本番です。

多くの人のプライムゾーンになりがちな場所を1週間分ピックアップしてみました。

もちろん、プライムゾーンは人それぞれです。ここにあげた場所にそれほど溜め込んでないという場合は、別の場所を設定していただいて大丈夫です。

それでは、それぞれの捨て方や、捨てる判断基準を解説します。

1日目［たんすやクローゼット］洋服を捨てる

初日はクローゼットやタンスから片づけるのがいいと思います。なぜなら、数多く持っていて、もっとも収納や片づけに悩んでいるモノが「洋服」だからです。

私のブログでも、「服を捨てることがテーマ」の記事にきわだって多くのアクセスをいただきます。アクセスの多い記事トップ10に、洋服を捨てるトピックを扱っている記事が4つもランクインしています。

着る服と着ない服を一緒にしてはいけない

私は現在、ワードローブを14着まで減らしました。その内訳は、

・半袖のTシャツ2着
・長袖のトップス2着
・セーター
・トラックパンツ
・スパッツ
・ふつうのパンツ
・綿パン
・中綿パンツ
・綿のパーカ（薄手）
・フリースのパーカ
・レインジャケット
・ダウンジャケット

私はカナダに住んでいるので春夏はほとんど、下はトラックパンツ、上はTシャツ、その上にパーカという姿です。秋冬は、Tシャツが長袖のトップスに、パーカがセーターになり、トラックパンツの下にスパッツを重ね着します。

カナダという土地柄、そして専業主婦ということもあり、私はパーカにパンツでも許されるのですが、日本で通勤や通学しなければならない人はそうはいかないでしょう。服を減らすのは勇気がいります。

ですが、ふだん着ている服を思い浮かべてみてください。**じつはお気に入りの数着をヘビーローテーションしてはいないでしょうか？** その数は手持ちの服のせいぜい数割程度だったりしませんか？　この点を多くの人は見逃していると思います。

私のように極端に持ち数が少なくても、普段よく着用するのは持っている全体の2割程度。残りの11着もローテーションして着ていますが、着用頻度は格段に落ちます。

多くの女性が、毎朝「着るものがない」と悩んでいます。

それは**着ない服を、いつも着る服と一緒にクローゼットに詰め込んでいるから**です。たんすやクローゼットには豊富に衣類があるのに、こんなふうに悩むのは、たくさん洋服を持ちすぎているからです。

持っている服の量にもよりますが、クローゼットにある服すべてを取り出さないほうがいいと思います。15分で片づけきれず、息切れしてしまいます。

まずはTシャツのみ、トップスだけ、たんすの引き出し一つだけ、というように15分で終了できる小さなターゲットを決めて行いましょう。

今すぐ捨てられる服、6つのタイプ

では、これから、今すぐ捨てられる服を6種類紹介します。当てはまる服は、迷うことなく手放しましょう。

1――1年着なかった服

この1年間、何を着たか、着なかったかが大きな判断基準になります。

日本は1年で四季が一巡するので、1年着なかった服はおそらく来年も着ない可能性が高いです。

これで相当数が減ると思いますが、それでもこの基準で思いきれず、捨てられないときは、以下の判断基準も使ってください。

2――サイズが合わない服

当然のことながら、サイズが合わなければ、着心地はよくないし、見た目もよくありません。サイズが合わない服は、真っ先に捨てましょう。

よく「いつかやせたら着よう」と、サイズが小さすぎる服を持ち続けることがあります。ですが、痩せようと思ってはや数年……。そういった経験は私にもあります。残念なことに、万が一痩せたとしても、その服が似合うとも限らないんですね。先のことを心配するよりも、今の自分が着られる服を残したほうがいい。いつ来るかわからない未来より、今この時を生きるほうが楽しいはずです。

ここで注意していただきたいのは、**人にあげるつもりで、クローゼットにぶらさげておかない**ことです。自分で着る気はないけれど、「娘が大きくなったらあげよう」「姪にあげよう」などと思っている人も多いのではないでしょうか？

大切な人をいらない服の処理係にしてはいけません。

３――難のある服

しみだらけの服、破れていて修理不能の服、ボタンが取れたまま放置されている服、変な匂いのする服、ジッパーが壊れている服、虫食いの穴が開いている服。こうした服も今こそ捨てるタイミングです。

４――もう好きではない服

その服を好きかどうかは、直感的にわかりますよね。クローゼットやタンスのスペースは限られているので、嫌いな服は一刻も早く手放しましょう。

順番が来たら必ず着る、**一軍選手ばかりのワードローブ**を揃えておくのが理想です。

５――時代遅れの服

若い頃に着ていた、好きだった服を今も大切に保管していませんか？　ほとんど着ないのであれば、それも捨ててください。

「そのうちこんなデザインの服が流行するかも？」と思うかもしれませんが、残念ながらそんな時はこないのです。ファッションの流行は40年周期だといいますが、仮に同じような服が流行ったとしても、素材やカッティングは絶対違います。

私もつい数年前まで、80年代や90年代に買って好きだったフレンチカジュアルな服を捨てられず、いくつか持っていました。好きだったがゆえに、もったいなくてあまり着ておらず、コンディションがよかったからです。

実際に着てみたところ、まったく似合いませんでした。

服にも旬があります。

年齢に合わない服を着て、若づくりをしても痛々しいだけだと悟りました。

6　思い出だけのために残している服

新婚旅行に着ていった服や、旅先で買った服を、記念に今でもしまいこんではいませんか？

この手の服は衣料品というより、「思い出の品」。服が象徴している何かに執着しているだけで、服そのものが気に入っているわけじゃない可能性が高いです。

思い出の品の捨て方（7日目）で詳しく説明しますが、思い出は心の中にあるものです。

美しい思い出を失いたくないと恐れるのなら、写真だけ撮って、服は捨てるという方法もあります。着ない服なので、思い出だけを抽出してみてはいかがでしょうか。

洋服の数が少ないと洗濯が増える？

タンスやクローゼットに今の自分が好きな服、自分らしい服しか入ってない、というのはとても気持ちがいいものです。

1年間着なかった服を捨てるルールは、コートやタンクトップなど、季節を選ぶ服にも適用してくださいね。私が住んでいるカナダの都市は、北海道の都市部より少し寒い場所ですが、コート類も、よく着るものが数着あれば十分でした（現在はダウンジャケットが1枚だけです）。

個人的にはコートのように**かさばる服こそ、むしろ積極的に捨てたい**と思っています。それだけクローゼットのスペースが空きますから。

よく「洋服を捨てて数が少なくなると、洗濯の回数が増えませんか？」といった質問をいただくことがあります。もちろんワンセットだけだと、洗濯は大変になるでしょう。

私の場合、服を減らしたことで、今まで必要以上に洗濯していたのではないか？と気づきました。アイテムにもよりますが、**服は汚れ具合に応じて、洗濯すべきかどうかを決めればよかった**のです。

洗濯すれば生地が傷みます。本当に服を大切にしているのなら、1回着たらすぐに洗濯機に放り込むのではなく、外出に着た服はほこりをブラシではらって、シミなどがあったら濡らした布でトントンとしみ抜きし、部屋のどこかに干して汗を乾かすほうが、服にとってはいいはずです。

1度着た服は、必ず洗濯しなければならない。そんな思い込みを捨てることで、ずいぶんラクになりました。

2日目［押し入れやクローゼット］バッグを捨てる

私たち日本人は男女とも、バッグや袋、ケースなど、いわゆる袋物が好きで、たくさん持ちすぎていると感じます。何でもきちんと整理したい、几帳面な国民性のせいでしょうか？　小さなときから、いろいろなバッグを持つ生活に慣れていますね。かくいう私もそうでした。20代の頃は、それはもうさまざまなバッグや袋類を持っていました。数にして20個以上あったかと思います。

使っていないモノは捨てましょう。今すぐ捨てられるバッグを以下にあげてみます。

1 ── 1年間使わなかったバッグ

次回、いつ使うか見当がつかないものは、もう不用だと判断してしまいましょう。次に使う機会が明らかなものは捨てなくてもいいです。たとえば、私はスーツケースを持っています。必ずしも毎年使うわけではないのですが、5年に1度、日本へ里帰りするとき使うので、使う頻度は少ないけれど手元に残しています。

ほかにも冠婚葬祭用のバッグなどは、捨てなくても大丈夫です。

2——カビが生えているバッグ

レザーのバッグはカビが生えやすいですよね。カビ臭かったら、捨てましょう。

どうしてカビ臭くなるかを考えてみるといいと思います。使わずにクローゼットや押し入れにしまいこんでいるからですよね？

それはつまり、もう使わないということ。毎日のように使っていれば、とくにていねいな手入れをしなくても、変な匂いはつきませんから。

3——重いバッグ

重いバッグは肩こりとストレスのもとです。そのバッグを滅多に使わないのは、重いのが理由ではないでしょうか？

バッグはモノを入れるモノなので、**最初から重いのは考えもの**です。

大きすぎるバッグは重くなるので、不必要に大きいバッグもこれを機に見直してみませんか。たとえばトートバッグのような、モノがたくさん入る大きな収納性抜群のバッグを持っていると、それだけ中身を詰め込んでしまうので、持っているうちにどんどん荷物が重くなります。収納場所があればあるほど、たくさんモノを入れてしまうのは、バッグ、ポーチ、財布にもいえること。モノを増やしてしまう危険性のあるバッグは手放したほうがいいのです。

４――単なる見栄の産物バッグ

「いい女」に見られたくて、背伸びをして買ったブランドバッグ。使っていない場合、いい機会なので処分しましょう。人間の価値は、持っているバッグでは決まりません。

５――値段が安いから買ったバッグ

仕事帰りに寄ったデパートで、たまたま半額のタイムセールをしていたワゴンから見つけたバッグや、福袋に入っていたバッグなどです。

エコバッグやポーチなども要注意です。粗品でもらったり、女性誌の付録だったり、意識していないとむやみやたらと増えてしまいます。エコバッグやポーチもそんなにいくつもいりませんよね。普段使っているものだけを残して後は捨てましょう。

バッグは毎日のように持ち歩く、相棒のような存在です。あなたが**心から好きなものだけを使う**べきです。

6 ――記念に買った「思い出のバッグ」

たとえば数十年前の新婚旅行で買ったルイ・ヴィトンのバッグ。使っていないのならば捨てましょう。思い出の服と同じで、どうしても捨てられないのならば、写真を撮っておくといいと思います。残したいのはそのバッグではなく、**バッグが思い出させてくれる記憶**だからです。

7 ――使い勝手が悪いバッグ

しまい込まれているバッグには、みなそれぞれ使わない理由があるはずです。

とくに、**使いにくいからしまってあるバッグは、何年持っていても、もう使うことはないはず**です。

肩ひもが長すぎて使いにくいショルダーバッグや、ファスナーが開けにくいバッグ、持ち手がちぎれそうなバッグなど、騙し騙し使っているバッグはこの機会にみんな手放しましょう。

8 ― イヤな思い出のあるバッグ

たとえば毎日つらい気持ちで通勤していたとき使っていたバッグ、義理のお母さんにもらった全然好みでないバッグなど、見ていると、なんだか暗い気分になるバッグはありませんか？　そういったバッグもイヤな思い出とともに捨ててしまいます。

働いている女性でも、ふだん使うバッグは一つか二つあれば間に合うのではないでしょうか。たとえば、ドレッシーな服装とカジュアルな服装で分けて2個。

それに加えて、旅行をする人ならスーツケースやボストンバッグ、そしてエコバッグ。育児中のお母さんならマザーバッグが入るので、せいぜい5～6個の計算です。

私自身はショルダーバッグ、バックパック、ポーチ、ボストンバッグ、スーツケース、エコバッグの6つを所持しています。

3日目［キッチン］食器を捨てる

キッチンで多いモノといえば、食器があげられます。

日本は食文化が豊かで、和洋中、エスニックとそれぞれ違う食器を使いますし、四季もはっきり分かれているので、季節ごとに使い分けたりします。

引っ越し、結婚などをきっかけに自分で揃えたり、粗品や景品、引き出物でもらう機会も多いです。さらに最近は１００円ショップなどで、素敵な食器がずいぶん安く手に入るようになりました。

このように、**食器というのは、もともと増えやすい要因を備えています。**

しかも、重くてかさばるので捨てるのがけっこう大変です。食器棚の中に器がいっぱいになっているのに気づいてはいるものの、なかなか捨てられないのです。

食器を捨てる5つのルールを紹介します。このルールに従って捨ててみてください。

1――使っていない食器

洋服の捨て方でもお伝えしましたが、**とにかく使っていないモノは不用品**ですから真っ先に捨ててしまいましょう。引き出物や粗品でもらった食器は自分が選んだ品ではないので、**今使っていないなら、おそらくこの先も使いません**。

もらったまま箱に入っている食器を、優先的に捨てるといいと思います。

また、自分の持っている食器とテイストがまったく合わないものも手放しましょう。

2――欠けている、汚れている食器は捨てる

風水では欠けた食器を使っていると運気が下がるといいます。ですが、そんなことより、そんな食器を使っていると危険ですよね。口元に持っていく食器の縁が欠けていると、唇を切る恐れだってあります。

ひびが入っていると、そこに汚れやバイ菌がたまり不衛生です。

何より、見た目がよくありません。骨董品として手元に置くなら別ですが、**欠けた食器は日用の食器としての使命は終えている**と考えます。

ものすごく汚れてしまい、重曹でこすっても輝きが戻らない食器も、使っていないのなら、捨てたほうがいいでしょう。

3 ―― 使いにくい食器

サイズの展開はあるものの、洋食器はほぼ形が決まっているので、収納しやすいです。しかし、和食器はサイズもバラバラならデザインも豊富で収納という面から見ると、扱いにくい傾向があります。

野菜の形をした皿や、皿とお椀の中間のような皿、ハート形の皿、皿なのか花器なのかよくわからない食器とじつにさまざま。見た目には楽しいのですが、これはとてもしまいにくいのが難点ですよね。

この手の特殊な形の食器は洗いにくいし、収納しにくいし、クセがあるので使い勝手が悪いです。普段好きで使っていないのなら、手放しましょう。

4 ―― ダブっている食器

粗品やプレゼントでもらうことが多いマグカップは、たぶん食器の中で最もたまりやすいものです。

私も昔、食器が好きで、雑貨屋さんやキャラクターグッズを扱う店で、目についたときに後先考えずマグカップを買っていました。でも自分がふだん使うマグカップは決まっていたので、そんなに数はいらなかったのです。

しかも**重ねて収納できないマグカップは、収納に場所をとります**。どんな食器を捨てたらいいのかわからないときは、マグカップからトライしてもいいでしょう。マグカップやティーカップのたぐいは流行りものには飛びつかず、ベーシックなものを一つだけ大切に使うのがシンプルライフのコツです。

5 ―― 重い食器

ときどきすごく重い食器があります。食器入れからの出し入れも大変ですし、洗うのもひと苦労。使っていないなら、「捨てる候補」にしてください。

とくにお年寄りが台所に立つ家庭では、重い食器を導入すべきではないでしょう。**洗ったりしまったりするだけで疲れてしまう**し、事故のもとです。

以前、実家の片づけをしたときは、一人暮らしの80代の母にも、重たくて大きなお皿は真っ先に捨ててもらいました。

季節感は食材で演出できる

残す食器はふだんから自分がよく使うもの、そして他の食器と違和感なく並べることができるのが理想です。

洗いやすい、しまいやすい、扱いやすい、さらに電子レンジでも使える、といった条件で揃えれば、食事の用意もラクになります。

せっかく食器を捨てても、また新しい食器が増えては何も変わりません。

・用途の広い食器を選ぶ
・季節感は食器以外のもので出す
・引き出物は辞退するか、もらったらすぐによそにまわす
・景品をもらうクセをやめる

・100円均一ショップに行かない

この食器を増やさない5つのルールを守ってください。

「夏はガラスの器で冷や麦を食べたい」かもしれません。食器は季節感を演出する働きもあるので、洗いやすい、しまいやすい、といった条件で選んだ食器は、なんだか味気なく感じるかもしれません。

ですが、**季節感は食材で演出することもできる**のではないでしょうか？　海外に住んでいる私から見ると、そうめんやおでんといった食事の内容そのものに十分に季節感があります。

旬の野菜や果物をテーブルに並べれば、それだけで季節感が出るのです。

すぐにでも捨てたほうがいいキッチンアイテム

食器以外にも、キッチンにはすぐにでも捨てたほうがいいモノがたくさんあります。

引っ越しがない、定期的にストックを見直していない場合、台所にはどんどん古いモノがたまっていきます。

キッチンにある食器を捨てて、明らかなゴミを捨てたあと、「何を捨てていいのかわからない」と思ったら、今度は古いモノを捨ててください。

多くの人のキッチンに居座りがちな3つの古いモノはこれです。

1 ── 台所用スポンジ

台所にある古いスポンジはとても不潔なので、今すぐ捨てましょう。

「家の中でもっとも汚いのはスポンジである」というのは有名な話です。キッチンのゴミ箱やトイレよりも汚いという説もあります。

水を吸収するスポンジは、とても水切れが悪いため、バイ菌の繁殖に最適な濡れぐあいで台所に転がっています。バイ菌にとっては栄養があり、ちょうどいい湿気もあるため、スポンジは、ふきんなどよりバイ菌が繁殖しやすいのです。

私は、食器を洗うとき、まずいらない紙や布でお皿についた食べカスをぬぐい、プラスチックのブラシで洗っています。ブラシで洗い切れないところは、スポンジワイプを使っています。スポンジワイプはコットンとセルロースからできているドイツ生まれのふきんで、すぐに乾くんです。

ただ、夫はスポンジで洗うのが好きなため、我が家の台所にはスポンジがあります。夫は、まずブラシで食器に残った食べ物をはらって、それからスポンジに山のように食器用の洗剤をつけてもこもこに泡立てて洗っています。

こんな洗い方は、決して健康にも環境にもよくはないのですが、他人のやることなので、止めるわけにもいきません。私の悩みですね。

2 ―― プラスチックの保存容器

プラスチック製などの保存容器、うっかりしていると数が増えます。

環境問題や健康問題でさまざまな意見があると思いますが、プラスチックの保存容器はとても便利なので、使うのならば、**コンディションのいいものを使うべき**です。

電子レンジで何回もチンしたり、何度も洗ってひっかき傷ができると、それだけ容器に使われている化学薬品が食品に移りやすくなるようです。

だからといってガラスの容器に替えたとしても、数を持ちすぎないように注意する必要があります。

3 ―― スパイス

スパイスは1度にたくさん使わないので、なかなか消費されず、そのままキッチンにとどまりがちです。一つひとつは小さなびんや袋に入っていますが、数があると意外に場所をとります。

スパイスにも賞味期限があります。パウダー状のもの（挽いたもの）が3〜4年、葉っぱ状のスパイスは1〜2年、それ以外の丸ごとの形をしているスパイスは4年が目安です。

びんや袋に賞味期限の記載がない場合や、いつ買ったのかが思い出せないものはこの機会に捨てましょう。

スパイスは、日光が当たらず涼しくて乾燥した場所に保管するのが理想です。キッチンのスパイスコーナーも見直しするといいですね。

4日目［本棚］本を捨てる

私は本を捨てられないタイプなので、本を捨てるのはとくに苦労しました。じつはまだ80冊ぐらい持っています。これでも減ったほうなのです。

たくさんのモノを捨ててきたのに、本に関しては本当に大変な思いをしてきました。ですから、自分なりに、いろいろなルールをつくって、残す本のハードルをだんだん上げていきました。

今すぐ捨てられる本を考えたとき、次の5種類に分類できると思います。

1――読まない本

一度読んで、もう読みそうにない本、未読だけれど読まない本は捨てます。

また、数年間その存在を忘れていた本も思い切って捨ててしまいましょう。とくに小説は、よほど好きである、生涯の愛読書である、その作家を研究しているというようなことがなければ、読み返すことは少ないと思います。

コンディションが悪い本も手にとることが少ないので手放します。

たとえば、長年本棚に入れっぱなしで、茶色いしみだらけになっているものや、虫がついている本です。

私の場合、お風呂で読書することが多いため、浴槽に落として、本自体がボコボコになってしまったものは真っ先に捨てました。

2 ──「また買うか？」と自問自答して「買わない」本

「今、手元にこの本がなかったとして、また、同じ本を同じ値段で買うと思うか？」

そう自問自答し、「買わない」と判断したものを処分します。

この質問は、**授かり効果で手元に残している本を洗い出すのに有効**です。授かり効果とは、一度所有すると、必要以上にその品物が良い物に思えてしまう心理です。

とくに本は、ものによっては絶版になり、もう手に入らないかもしれないという恐怖のために捨てられないことがあります。しかし、そうやって恐れている割には、その本をもう一度手にして読むことはないのです。

3――電子書籍で手に入る本

個人的に、本はやはり紙で読むほうが好きです。そのほうが頭に残りますし、読書の楽しみがあります。ですが、電子書籍で手に入ることがわかれば、先に書いた**「もう二度と手に入らないのでは」という恐怖を乗り越えることができます**。

電子書籍を利用したことがない人も、本が多すぎて本棚からあふれているなら、導入を検討してみてはいかがでしょうか。

一度読んで気がすむような本は電子書籍でさくっと読んでしまい、何度も読みたい本は紙の本を利用する方法もおすすめです。

4――今現在、手に取らない本

昔は何度も読んでぼろぼろになっている愛着のある本。捨てにくいと思います。「本に歴史あり」という雰囲気がただよっています。

けれども、こういう本はじつはもういらない本です。私は、**本を読むことはどこかに旅をすることと似ている**と思っています。旅をするのは何らかの体験を得ることです。本を読むのはその世界を「体験すること」なのです。

一度その本を読めば、体験は終わっています。その本の使命は終わったのです。

その旅で体験したことを覚えていようが、覚えていまいが、それは関係ありません。

大事なのは体験したということです。

体験したことは、たとえ自分では「忘れてしまった」と思っていても、からだのどこかに残っています。記憶の奥のほうに格納されていて、将来何かで必要があれば、これまでの経験を重ねた結果、培った知恵としてふっと思い出されるのだと思います。本に書いてあったことをすべて覚える必要などありません。人間はどのみち忘れる動物です。

その本のエッセンスはきっとからだの中に残っています。

5 ――いつかなりたい自分になるためにとってある本

英語の参考書や問題集、編み物の本、学生時代の教科書など、勉強や自己啓発のための本で使っていない本は捨てます。

この手の本もなかなか捨てられませんよね。私も、「この問題集やったらすごく力がつきそう」、なんて思うフランス語の問題集を数冊いまだに持っています。

しかし、いくら素晴らしい情報が掲載されている本でも、本棚に並べているだけではなんにもなりません。この手の「いつか時間ができたら読もう」と思っている勉強のための本は、それを**見るたびに罪悪感を味わってしまいます**。「まだ読んでいない、まだ勉強していない」という感情です。

このような感情はストレスになるので、これを取り去るためにも、持っているだけでやりもしない参考書や教科書は手放します。また勉強しようと思ったときに買う。そう考えるようにします。

正直に言うと、私は本に関しては、まだまだ捨てている途中です。本を捨てているのは自分だけじゃない。そう思って、捨てる勇気を出してもらえるとうれしいです。

5日目［引き出し］書類を捨てる

パソコンなどのデジタル機器が発達し、電子書籍も生まれ、これからの時代はペーパーレスなんて言われているわりには、身の周りの書類はちっとも減りません。人間、やはり紙に印刷しないと心配なのかもしれませんね。

デジタルデータは一瞬でなくす可能性があります。だから大事な書類は手元に置いておきたいのでプリントアウト。こうして紙はどんどん増えます。

かく言う私も、紙を溜め込むタイプでした。私の趣味の一つは語学。しかも独学が好きです。かつてはインターネットで見つけた語学に使えそうな資料をどんどんプリントアウトして、大きな山をつくっていました。

仕事で使うテキスト類（ＰＤＦファイルなど）もパソコン上ではなく、きっちり印刷してホルダーにファイルして閲覧するほうが好きです。そんなわけで、やたらと紙を溜め込んでいたので、ずっと片づけと整理に苦労してきました。

「後々使えそうなもの、参考になりそうなものは何でも印刷、何でもとっておく」という態度だったのです。

けれども今は、自分の人生の残り時間を考えて、そこまでたくさんの情報を追いかけ、溜め込むこともないと思っています。

情報は、溜め込んだり、知っていることよりも、その情報を使って何をするのかのほうが大切なことがわかったからです。たくさんの情報を整理しようとすると、選別、整理だけでも相当な時間を取られます。そういうことにエネルギーを取られてしまうと、**肝心の情報を使う時間と気力がなくなってしまう**と思うのです。

試行錯誤してわかった、捨てる書類と捨てない書類

今の私は、フィルタリングする必要のあるほどの量の情報を追い求めることはやめ、**何かの縁でそばに来たごく少量の情報だけ取り入れる**ようにしています。

現在は、以下のように書類を整理しています。

【取っておくもの】

・契約書全般、税金の申告に必要な書類（5〜7年間）など
↓保存すべき期間が過ぎたら捨てる。
・捨てたくない思い出のモノ
↓子どもの描いた絵、大切な手紙などを少しだけ厳選して保存。
・今継続して使っているもろもろの資料
↓現在の仕事に必要な資料、現在受けている授業のハンドアウト（配布資料）、学校からのお知らせは、使っている間だけ取っておき、いらなくなったら捨てる。
・今継続して使っていないが、折にふれて何度も参照する書類
↓私は、フランス語の発音のコツや動詞の活用をまとめた紙は、ときどき見るので捨てずに手にとりやすいところに保管。

【一定期間だけ取っておくもの】

・保証書、説明書
↓保証期間が過ぎたらマニュアルは捨てる（今はネットで閲覧できる）。

・レシート
↓記録したら捨てる。買い物したその日に捨てるので、保存期間は24時間以内。

これ以外の紙はすべて捨てても大丈夫だと思います。紙はなるべく印刷せず、そこに載っている情報が不用になったらどんどん捨てていくと、いたずらにたまりません。

スクラップはどツボにハマる

情報が載っているという点で書類に似ているのは新聞や雑誌。新聞と雑誌も、たまりがちなものですね。

新聞は毎日、雑誌は最新号のみを残して捨てるようにします。新聞は毎日きっちり読むものではないですし、明日になればまた新しいのが届きます。

私はそもそも新聞をとるのをやめてしまいました。

雑誌も捨てて大丈夫だと思っています。雑誌の中身はほとんど広告です。その内容は、ダイエット、お金の貯め方、収納の方法、レシピ、季節のファッション……と同じことのローテーションです。古いものまでとっておく必要はありません。

捨てるときにお気に入りのページを切り抜き、**スクラップブックをつくろうと思わないほうがいい**と思います。切り取ってしまうと、そのあと整理しなければならないからです。後で読むために切り抜くのなら、1週間以内に読み、読んだらすぐに捨ててください。**保存すると管理する必要がある**ことを知っておくべきです。

女性がよく切り抜いてとっておくものに「レシピ」があります。レシピの整理法は、クリアファイルに入れて管理、スキャンしてパソコンで管理、インデックスカードに手書きして材料ごとに分類、スクラップブックに貼る、などあります。

こんなことをするために時間と体力、気力を使うのはもったいないと思います。私は以前お気に入りのレシピのページをすべてクリアファイルに入れましたが、結局活用できませんでした。

インターネット時代の今、ありとあらゆるレシピをオンラインで見つけられます。どうしてもレシピを保存したいのなら、厚さ一センチぐらいを目安にとどめておく、など限度を決めておくといいでしょう。

6日目［リビングなど］雑貨を捨てる

6日目は家にあるこまごまとしたモノを捨てましょう。アクセサリー、文房具、キャラクターグッズ、おもちゃ、CD、DVD、スポーツグッズ、楽器、家事グッズ、趣味に使うものなど。

あなたがとくに持ちすぎているものを捨ててください。ここでは私が持ちすぎていた、文房具とキャラクターグッズについて説明します。

文房具は3年で使いきれる量だけ持つ

私の場合、まず**使うペンやノートの定番を決めました。**

ボールペンはコクヨのパワーフィット（じつはもうすべて捨てましたが）、シャープペンはぺんてるのタフ、ノートはレターサイズ（A4に近い北米の標準サイズ）だけを使うことにし、それ以外はきれいさっぱり処分することにしたのです。

文房具が散らかるのはそもそも数が多すぎるのと、大きさがバラバラで整理がしにくいからです。使うモノの大きさ、規格を決めてしまえばこの問題は解消します。

自分の定番以外はすべて捨てます。

たとえ規格が合っていても、これまでまったく使わなかったもの、あったことさえ忘れていたもの、今後使いそうにないものは捨てましょう。

文房具はストックを持ちすぎないことが大切です。いくら消耗品でも、一生かかっても使い切れない量を持っていてもしかたがありません。

ボールペンは粗品でよくもらうのでたまりがちです。しかし、無料でもらったボールペンより、自分が好きで買ったほうを大切に使うほうがいいですよね？

自分の好きな筆記具を使うほうが、ストレスが少なくてすみます。**もらったからといって、それを使わなければならない義務などない**のです。

自分の人生の残り時間と、ふだん使う頻度を考えあわせ、せいぜい**3年ぐらいで使い切れる量を残す**といいと思います。

近年人気のマスキングテープも大量に持っている人がいますが、数年で糊の部分が乾燥してしまいます。本当に好きなもの、ふだん使うもの数本にとどめるべきです。

キャラクターグッズは視覚的ノイズ

私はかわいいものが好きで、キャラクターグッズをたくさん持っていました。こうしたファンシー雑貨はそれだけを見ているとかわいいのですが、たくさん集まると大変な視覚的ノイズになります。一つひとつの色や柄の主張が強すぎるからです。

キャラクターグッズとはすべてが「主役になりたいモノ」です。しかも、デザイン優先のため、使いにくいものが多いのです。

小さなキャラクターがぶらさがったノートやシャープペンは、実際に使おうと思ったら、ぶらぶらするキャラクターが邪魔でしょうがありません。

私が買い集めたファンシー雑貨は、すべて部屋の中で眠っていました。

幸か不幸か、こういうかわいい雑貨は使う人の年齢を選びます。学生が持つなら許されても、30歳前後の女性が持つのは微妙かもしれない……。年齢制限があるおかげで、私は、27歳のときの片づけで、かなりのキャラクターグッズを処分しました。

とはいえ、完全にキャラクターグッズを一掃したのは数年前のことです。何年も持たない暮らしを追求するうちに、自己主張の強いキャラクターグッズはシンプルな生活にはそぐわないことがわかりました。

文房具も食器も飽きのこない定番を決めたことで、キャラクターグッズと手を切ることができました。今でも、雑誌や店頭で見れば、「ああ、かわいいな」と思うことがあります。しかし、「買いたい、欲しい」とは思いません。**家の主役は自分や家族**であり、キャラクターたちではないからです。

最近は、ストレス解消や仕事の疲れを癒やすために、キャラクターグッズを買う大人が少なくありません。しかし、モノそのものを減らせば、「物の管理」という大きなストレスの元を取り去ることができます。**ストレス解消のために、モノを買うことは、かえってストレスを増やしている**可能性もあるのです。

主張の強すぎるキャラクターグッズは、お気に入りのものを一つか二つだけ残すことをおすすめします。数を厳選すれば、手元に残したものをより大切にできます。

7日目［家全体］思い出の品を捨てる

この日は1週間の総括、見直しの日です。

本当は捨てるべきなのに、残っているものがあります。それは「思い出の品」です。思い出の品が捨てにくいのは、そのモノに自分の感情が強くからみついているから。そのモノは、自分にとっては大切なモノ、他人にとってはただのモノ。つまり**思い出の正体は自分の心の中にあります**。

これさえ理解していれば、思い出の品は意外に簡単に手放せます。記念品などは以下のように考えると捨てやすくなります。

1 ―― 本当に思い出の品なのかを考えてみる

箱の中にいっぱい詰め込んでいる昔の作文や通信簿、恋人からもらった手紙は、本当に「思い出の品」なのでしょうか？

一つひとつに向き合って、「いる、いらない、迷い中」と判断を下すのが面倒だから、「この箱は思い出の品だから、このままにしとこう」と、特別扱いしていませんか？

私は、捨てる作業や片づけ作業をするのが億劫で、**「思い出の品だから捨てられない」という言い訳を、自分でつくっていた**ことがありました。

捨てることを後回しにしても、何もいいことはありません。箱の中身がわからないなら、もうその品物はあなたにとって必要のないものです。

2　思い出の品は捨てにくいという思い込みから捨てる

どんな片づけの本にも、思い出の品は捨てにくいと書いてあります。ですが、この考えに私は違和感がありました。みんなあまりにも「思い出の品」と言いすぎているような気がしたのです。そんなに「思い出の品」は大事なのか……。

たとえ思い出の品でも、**使ってなかったり、存在を忘れていたら、それは不用品、ガラクタ**なのだと思います。

思い出の品を捨てるというと、「大切な思い出の品を捨てるなんてデリカシーのない人ね」「こういうものを簡単に捨てられる人は冷たい人」などと思われがちです。

しかし、**思い出の品を捨てたところで、自分の人間性が損なわれるわけではありません**よね。

毎日、さくさく捨てていると、家族や友だちに、「捨て過ぎじゃない？」「思い切りがいいのね、私には真似できないわ」と言われることもあるでしょう。

実際、私も同じような経験をしたことがあります。そんなとき、こう考えてみてはいかがでしょうか？

「周囲の人はモノを捨てて身軽になろうとしている私に嫉妬して、寂しく感じているんだわ！」

意外とこれで乗り切れます！

3　大切な思い出の品なら、何年も箱の中にしまいっぱなしにはしない

思い出の品の置き場所の定番といえば、段ボール箱の中。そしてその段ボール箱は物置や押し入れの奥のほうに押し込まれているのではないでしょうか？

大切なモノなのに、ずいぶんな扱いです。

ということは、箱の中身はそんなに大事なものではないのかもしれません。大切なものならば、数を厳選し、もう少しアクセスしやすいところに置くべきです。

4 ― 思い出はモノの中にはない、自分の心の中にある

思い出の品は、人に昔あったことを思い出させてくれるもの。思い出すきっかけとなるものです。つまり、モノそのものが思い出を持っているわけではなく、昔あったことは全部自分が覚えているのです。

それならば、**モノは処分して、思い出させてくれるきっかけだけを残す**ことができますよね。どうしても忘れたくない感情なり、記憶があるのなら、その思いを文章にしたり、写真を貼って備忘録をつくるのはいかがでしょうか。段ボール箱3箱ぐらいあった思い出の品も、ノート1冊、もしくはアルバム1冊におさめられます。その大きさなら気が向いたときにいつでも眺められる場所に保管することもできます。

5 ― 過去を生きるより、今を生きる

思い出の品は過去の象徴です。

素敵な思い出をたくさん持っているのは素晴らしいこと。ですが、どんなに過去に思いをはせても、過去に戻ることはできません。

もし、現在の暮らしがあまり満足のいくものではなく、過去のことばかり考えてしまっているとしたら、あまり健全といえません。

私たちは、今という時間、そして今よりちょっと先の未来を見つめて生きています。この時間が充実していないと、どんなにたくさん思い出を持っていたところで、幸せにはなれないのだと思います。

今という時間は2度とやって来ません。貴重な「今」、過去のことばかり考えるのはもったいないです。

私も娘が小さかった頃の写真を見て、「あの頃はかわいかったなあ」と感慨にふけることがあります。しかし、写真の中の娘がどんなにかわいくても、現在17歳のリアルな娘の存在感には負けるのです。

モノを持たない生活を目指す人が今すぐ捨てるべきモノ

1週間、捨ててみていかがだったでしょうか？

ここからは、1週間のプランで取り上げなかった場所やモノの捨て方を一部紹介します。これらは、私がモノを持たない生活をめざすにあたり、最優先で捨てたモノたちです。それぞれ生活スタイルがありますので、すべての人にあてはまるものではないかもしれません。ですが、捨てるモノ選びと、必要、不必要の判断基準の一つとして参考にしていただければと思います。

1——キッチン

キッチンで食器の次に多いモノといえば、キッチンツール（道具）ではないでしょうか？　私は以下のモノを処分しました。

・フードプロセッサー

以前パンやお菓子づくりが趣味だったときは、毎日のように使っていました。しかし、その趣味をやめたとき、フードプロセッサーは場所を取る重たい邪魔なモノとなりました。便利ですが、包丁でも代用できると考えています。

・サラダスピナー

サラダ用の野菜の水切りをする調理道具。昔持っていましたが、邪魔になって捨てました。いちいち洗わなきゃいけないし、場所は取るし、そこまで毎日サラダで使わなかったからです。

代わりに今はディッシュタオル（布巾）に野菜を包んで振っています。それで十分に代用できます。

「ポリ袋に野菜とキッチンペーパーを入れて振る」という方法もあるようですが、私はキッチンペーパーを持っていないので試したことがありません。

・単一の用途にしか使えないツール

世間には、パスタメーカー、アップルコアラー（りんごの芯をくり抜くツール）、ガーリックプレス（にんにくをつぶすツール）など、一つの用途にだけしか使えない調理器具がありますね。

パスタメーカーは、パスタを頻繁につくる人には有用な道具でしょう。しかし、週に1度も使わないなら、たぶん捨てる候補です。

2――リビング

・テレビ

ミニマリストの多くは家にテレビがありません。私の家にテレビはありますが、私自身はまったく見ません。今やインターネットのストリーミングでたいていのものが見られますから、テレビは必要ないのです。

ただ、パソコンのモニターは家族そろって見るのは難しいかもしれません。家の場合、テレビは夫が独占的に使っています。娘は自室で自分のノートパソコンで映画などを見ているようです。

私はミニマリストになる前からテレビは見ていませんでした。そもそも見ている時間がないし、コマーシャルがうるさいからです。

テレビを見ないほうが、時間ができるし、心も潤うような気がしています。

・テレビ台、エンターテインメントセンター

エンターテインメントセンターとは、テレビを真ん中に据えるラックや棚のことです。テレビだけでなく、ＤＶＤプレーヤー、ＤＶＤ、ＣＤ、ゲーム機などをこの棚に収納します。

このような棚は、区分けがしてあるので便利そうに思えますが、棚が多いということは、それだけ、掃除する場所と、中に置くものが増えてしまうということ。ある意味、恐ろしい家具なのです。

もしどうしてもテレビを持ちたいならば、ラックではなく、小さなキャビネットなどに、テレビ単体を置くほうがよさそうです。

・ランプなどの部分照明

照明は天井に一つあれば充分です。ランプは意外に掃除がしにくく、インテリア的に素敵なものを配置するのはセンスが必要だと思い、私は早々に持たないアイテムとしました。

・じゅうたん、ラグ、床敷き

私の家はカーペット敷きです。しっかり接着されていて備え付けなので、取ることができません。このカーペットを取ると、床をはがした状態になってしまいます。

そこで不本意ながら、掃除機を使っていますが、もし、カーペット敷きでなければ掃除機は不要なのに……と思っています。当然、畳でも、フローリングでも敷物類は不要だと考えています。

カーペットやラグがなければ、掃除道具は多くても5つ。「はたき、ほうき、ちりとり、雑巾(家はウエス)、バケツ」を用意すればすみます。

・余分な時計

時計は必要ですが、一つの場所につき、一つで十分ではないでしょうか？　もしリビングルームに小さな置時計があったら掛け時計は必要ないでしょう。

私はデジタル表示が嫌いなので、アナログの時計を愛用しています。キッチンの壁に大きなのが一つ、もう一つは無印良品のコンパクトアラームクロックの2つです。デジタル表示でも大丈夫な人は、電化製品についているので、時計は必要ないかもしれませんね。

・さまざまな飾り物や置物、インテリア小物

置物とは、人形、写真立て、花瓶、キャンドル、香立てなどのことです。冬の季節ならクリスマス・ツリーやクリスマス・デコレーション。私は去年、置物を50個ほど捨てました。そんなに持っていた自分が情けないです……。

・ソファ、椅子

我が家にはカウチ（ソファ）が2つもありますが、完全に夫のものとなっています。西洋人は床にじかに座ったり、寝ることに強い抵抗があるらしく、ソファやベッドを捨てているミニマリストは少数派の気がします。

しかし、私たち日本人は床と仲良しだから大丈夫なのではないでしょうか。

・こたつ

実家にいるときは、こたつが好きでしたが、こたつほど人を堕落させる家具もないのでは？　と思ったものです。

単に私がだらしないだけなのかもしれませんね。いったんこたつに入ると、出ることができません。こたつに入ったままうたた寝をしてしまい、気づくと朝、という失態が数えきれないぐらいありました。

こたつの周りにはだんだんモノが集積します。

本、暑くて脱いだカーディガンや靴下など。こたつのガラクタ吸引力は半端ではありません。

3　バスルーム

10年前から、バスタオルを使うのをやめてずいぶんラクになりました。お風呂からあがったらバスタオルで体を拭くものだと思い込んでいましたが、思い込みにすぎませんでした。**体の水気をとるために、大きくて分厚いタオルは必要なかった**のです。

といっても、我が家でバスタオルを使わないのは私だけで、夫と娘は使っています。

私は、バスタオルの代わりにフェイスタオルで間に合います。

バスタオルはとにかくかさばりますから、捨てれば（あるいは数が減れば）、バスルームも収納場所もスッキリします。それに一度使った後のタオルをどこに置いたらいいのか、という問題も解決します（ご家庭によっては、2、3日使う場合もありますよね）。管理も不要になり生活がシンプルになります。

今のバスルームはタオルかけ用のフックが2つついていて、それぞれ夫と娘が使っています。

バスタオルを使わないデメリットはとくに思いつきません。

ぜひ、一度、バスタオルを使わない生活を試してみてください。

4 ── 玄関

玄関は家の入り口であり出口です。ここをふさぐことは、人間でいえば、鼻と口にガムテープを貼られるようなものです。

日々、その家に住む住人が、仕事や学校など、**新しい一日、新しい世界に出向く場所が玄関**。忙しい一日を終えて、玄関から戻ってきます。

疲れて帰ってきたときに、玄関がぐちゃぐちゃだと、心がやすらぎませんよね。

玄関にある不用品を捨てて、スッキリさせましょう。

玄関にたまっているモノを捨てる前に、ドアの外側、玄関の外周りをチェックし、以下のものを排除します。

・落ち葉や小枝
・あるべきではない砂利や石ころ、土
・枯れている植木、多すぎる植木

・ゴミ収集日に出すゴミ袋（邪気を出しますので玄関に置くべきではありません）。

このようなモノがあったらまず掃除します。他に床に落ちているべきでないものがあったら捨てましょう。

多くの人の悩みといえば、玄関に靴が多すぎる問題でしょう。

玄関に出しておく靴は、1人1足をルールづけしてみます。玄関にある靴は、自分が好きで、よく履いていて、大事にしている靴が望ましいでしょう。

靴箱の中にある、もう履かない靴、かかとが折れている靴、履くと痛い靴、汚れすぎている靴、ボロボロの靴、手入れせずに放置されている靴などは、すべて捨ててもいい靴候補です。**捨てられないなら、この機会にきちんと修理**をしましょう。

私は、玄関マットは不要だと思いますが、好みもありますので、無理に捨てろとはいいません。ですが、**玄関には玄関に置くしかないモノだけを置く**。この心がけだけでずいぶんスッキリしてくると思います。

第4章

一生リバウンドしない方法

モノが増える理由がわかれば、予防策も立てられる！

捨てたはずが、気づけばモノが増えている!

「1週間で必死にモノを捨てて、一度はとてもきれいな部屋になったのに、数カ月するとまた周囲が雑然としてしまう」

「1週間、モノを捨てたのに、なんだかきれいになった気がしない……」

とことんモノを捨てた後でも、気をつけていないと以前のようなモノにあふれた部屋になる可能性は充分にあります。

私自身も似たような体験をしています。これまで人生で4回、大々的にモノを捨てましたが、そのうち3回はリバウンドしてしまいました。

なぜ逆戻りしてしまったのか？　それには2つの大きな原因があったと思います。

まず**一つめは、買い物**です。

苦いリバウンド体験の1度目は、20代で行った最初の捨てるプロジェクトの後でした。初めての大きな片づけをしたのは失業していたときです。時間はたっぷりある反面、お金がないので余計なモノを買うこともなく、モノ減らしに集中できました。ところが、次の仕事を見つけて、お金が入ってくるようになったら状況は一変。またモノを買ってしまい、片づけ以前よりモノが増えてしまったのです。

2度目は出産して数年後のこと。カナダには小さなボストンバッグ一つを持って、「今度こそシンプルライフを送ろう！」と決意して留学したはずなのに、気づくと子どものおもちゃや服、自分が読むための本や雑貨がたくさん増えていました。このときは、オークションで子どもの服を買ったり、懸賞や安物買いにハマったり、たいして役に立たないサンプルや日用雑貨を溜め込んでしまいました。

このような体験から、片づけがリバウンドしてしまう**最大の原因は、「またモノを買ってしまうこと」**と断言できます。

あたりまえのことですが、家の中にモノさえ入れなければ、モノはいたずらに増えず、散らかりようもありません。

ガラクタは引き寄せの力が強い

私がリバウンドしたもう一つの理由は、**家にモノを入れた後、捨てずにそのまま放置した**からです。

じつはガラクタには、ほかのガラクタを引き寄せる性質があります。

何も置いていない机の上や、ピカピカ光っているシンクの中、こうしたきれいな場所にたった一つ何かを置くと、モノはその周囲に集まってきます。

きれいな流し台の中に汚れたコップを置いたまま放置すると、誰かがコップの中にスプーンやおはしを入れます。私の夫はコップの上に、ナイフを横渡しにします。数時間のうちに、食器はどんどん集まり、さらに別のお皿を置いてもまったく違和感がなくなります。いつのまにか、**汚れた食器でいっぱいのシンクがいつものキッチンの風景の一部となってしまう**のです。

だからこそ、小さいことを見逃さない。家の中のどんな場所も、散らかったら大事にならないうちに片づけるのが大切なのです。

モノを大量に捨てて、部屋をリセットしても、そこで暮らしが停止するわけではありません。死ぬまで常に生活に必要なモノを買い、消費し続けるので、必ず生活の垢が出てきます。

モノが必要以上に入ってしまったら、たまりすぎないうちに、適宜捨てていく。ガラクタが小さなかたまりの段階で、さくさくと片づけていけば、部屋はそんなに散らかりません。

モノを買うことも、いらないものをコンスタントに捨てることも、ともに生活習慣です。リバウンドしないためには、長年なじんできたガラクタをためる習慣を手放し、「きれい」をキープする習慣を身につければいいのです。

その習慣の第一歩が、**「よほど意識的でいないとモノは勝手に増えてしまう」と認識すること**だと思います。

買い物するのは何のため？

「買わない暮らし」をすることは、持たない暮らしの基本中の基本です。
家の中のガラクタを8割捨てた後に、理想の暮らしを実現するために、気に入った家具や雑貨を厳選して買うのはかまわないと思います。ただし、後先考えずに買い物をしてしまい、以前の汚部屋にしないように気をつけます。

幼い頃から大量生産、大量消費社会に暮らしている私たちは、モノを買うのがあたりまえだと思っています。

とくに、私のような20代でバブルを経験した世代は、モノを所有することにこそ価値を見出していました。給料や臨時収入が入るたびに、ごく自然に、なかば自動的に新しい服や新しい雑貨などを買っていました。

テレビ、新聞、雑誌、インターネットなどのメディアは、新製品や新サービスを常に教えてくれます。期間限定品だから、今シーズンのマストアイテムだからと、「買わなければならない理由」を次々と提示します。

でもそれは、**私たちにとっての買わなければならない理由**ではないですよね。

多くの人は、他人が持っているモノがほしくなります。ショッピングサイトランキング上位の商品が売れるのはそのせいでしょう。

いったん買わない決心をしたら、他人の買い物に惑わされないことです。友だちや好きな芸能人が買ったからといって自分まで買わなくてもいいはずです。

人はひとりひとり違う唯一の存在。

人の真似をしないほうが、間違いなく自分らしい暮らしの実現に近づきます。自分の軸がブレないように、所持品を選んでいきませんか？

なぜそれがほしいのか、その本当の理由を自分なりに考えて納得してから買い物をすると、買い物の失敗が減ります。

人は、商品そのものがほしいというより、その商品を使った後に得られる暮らしが得たくて買い物をしています。

広告を見ては、自分の潜在的な欲望や見栄、今の生活への不満から、暮らしをよくしてくれそうなものを買ってしまいます。たとえ現実にはそれが必要なくても……。

私たちは今、本当に自分にとって必要であるか、どうか見極める時期にきているのだと思います。

買い物にひそむ見えないコストとは？

買い物を減らすためには、モノを買うことで生じる見えないコストについて考えてみるのが効果的です。モノを買うことは代金を払っただけで終わりません。

一度、モノを所有すると、その後も管理しなければならないので、限られた自分のリソース（時間、お金、精神的・肉体的な力）を使うことになります。

たとえば、こんなケースがあります。１００円均一ショップで2段レンジトレーを買ったとします。2段レンジトレーとは、トレーに脚（スタンド）が2つついたものです。

トレーの上と下にお皿を置くことができるので、一度に2品、電子レンジで調理できる便利グッズです。ご飯とおかずを同時に温めることもできます。

しかし、このトレーがあるばかりに、いつも**「一緒に温めないと損だ」という発想**になり、無理矢理にでも何か2品を一緒に温めようと「努力する」ことになってしまうのです。

加熱時間を変えずに、うまく温めることは難しいので、じつは二度手間になります。

一見便利に見える品物でも、使ってみると、余計なことを考える必要が生じることがあるのです。

結果的にだんだん使うのが面倒になり、トレーを使わなくなってしまう……。

だからといって、捨てるのはもったいないと多くの人は思います。一度買ってしまうとたった100円の品物でも執着して、なんとか活用できないかとがんばってしまうのです。

不用品のリメイクや二次利用はできない

2段トレーの使い道としてすぐに思い浮かぶのは、食器の収納グッズとして用いることでしょうか。食器棚にこのトレーを入れ、上にお皿をのせ、下にもお皿を入れれば、棚の収納力は2倍になります。実際、似たようなスタンドが市販されています。

ところが、いざ食器棚に入れようとすると、棚の奥行きや幅、手持ちの皿の大きさとうまくサイズが合わず、収納に上手に活かすのに、とても苦労したりします。

たとえ、サイズがぴったり合ったとしても、今度は食器が増えることになったでしょう。棚の収納能力がアップすると、空間ができます。**人は空いている場所には何かを納めたい**と思います。その結果、食器の量が増えてしまいます。

さらにこのトレーはプラスチックなので、ゴミ処理にコストがかかります。ゴミ処理場で焼却すると、ダイオキシンなどの有害なガスが出る可能性もあります。

このように考えると、一見安くて便利そうな100円ショップの商品も、**購入した人の手間や時間というリソースを奪い、環境にも負荷をかける「高い商品」**なのです。

食料品以外を買わない「30日チャレンジ」

いきなりモノをまったく買わない生活はなかなか想像できませんが、まずはモノをたくさん買ってしまう生活習慣を改めるために、一カ月だけ、食料品以外のモノを買わない挑戦をするのはいい方法です。

ミニマリストの中には、1年間、食品以外何も買わないチャレンジをする人は少なくありません。私自身、できるだけモノを買わない挑戦をもう何年も続け、モノ減らしの効果を感じています。

1年もやるのは大変でしょうから、まずは**一カ月だけ、食品以外のモノを買わないルールを自分に課す「30日チャレンジ」**をしてみませんか。あるいは、

一カ月だけ、コンビニや100円均一ショップに行くのをやめる

一カ月だけ、オンラインショッピングはやめる
一カ月だけ洋服を買わないようにする

といった自分ルールをつくるのもおすすめです。

自分がとくに買い過ぎているモノ、たくさんモノを買っている場所、よく使っている買い物手段を、わざとやめてみます。すると、**別に必要だから買っていたのではなく、単に習慣で買っていいた**ことがよくわかります。

買い物が止められない人への処方箋

それでも、買い物が止まらない人のために、少しの間だけ、買うのがやめられそうな方法をお伝えします。すべて私が実践して効果があったものです。

どんなにモノを捨てても、相変わらず家にモノを入れ続けていたら、いつまでたってもモノの絶対量は減りません。そこで、捨てることが軌道に乗ってきたら、今度は買わないシステムを少しずつつくっていくのです。

1――買い物の記録をする

一カ月間、何を買ったのかをノートに書いてみます。全部を書くのが大変なら、とくに買うのを減らしたいモノだけ数字を追っていきましょう。

私は昔、家計簿はつけていませんでしたが、クレジットカードで何を買ったか、記録をとっていたことがあります。

洋服、雑貨、文房具、本など……。**お金がないと言いながら、すぐにいらなくなるものに浪費している**のに気づきました。

今は食費を含めたすべての出費を記録しています。一カ月だけ記録をとり、足し算するだけで、驚くほど買い物は減ります。

2――すぐに買わない

何事もタイミングが大事です。タイミングを逃すと、いろいろなモノの魅力が色あせてみえるので、**わざとタイミングを逃すように仕向けます。**

つまり、すぐに買わずに一カ月ほど待ってみるのです。

私は、以前欲しいものがあったら、とりあえずノートに書いて30日は買うのを待つようにしました。一カ月ほど待つと「なんであんなにほしかったんだろう」とか「やっぱりいらないかな」と思うようになります。

3　買い物時間を減らす

言うまでもなく、時間は有限です。貴重な時間をどれだけ買い物に費やしているか意識的になることも買い物を減らすコツです。

時間に意識的になるために、①一カ月単位で、②1日単位で、③一生涯単位で、買い物に使っている時間を計算してみましょう。

きっと、**時間に対する考え方が変わる**はずです。

こういうことを考えて実行するのは、面倒な作業です。しかし、1度とことん考えてみることは、意識的な買い物をする大きな手助けになります。

買い物するたびに、記録もつけて、理由も分析するのは面倒ですから、それがイヤで、買い物が減るという効果もあります。

「ワン・イン・ワン・アウト」の考え方

私たちは思いのほか、無料のモノをもらっています。とくに日本では、伝統的に販促として、おまけや景品をつけることが多いので、不用品が増えてしまいます。

日本に里帰りすると、「日本はおまけ天国」だとつくづく思います。

道を歩けばティッシュが配られています（最近は不況であまりティッシュを配っていないそうですが）。本屋で本を買えば、カバーをかけてくれ、お店で買い物すれば、ポイントカードをすすめられます。

このようなモノは、すべてモノを減らしたい私たちにとっては不用品です。だまっていると、どんどんもらってしまいます。

・自分からは絶対取ってこないこと
・不可抗力でもらってしまっても、家の中に入れないこと

・断ること

このルールを心がけてください。一つひとつは小さくても、チラシなどの紙ゴミはあっという間にたまりますよね。家の中にこうしたモノをいれないことが、片づいた家をキープするのにとても大切なのです。

片づけの世界でよく使われる「ワン・イン・ワン・アウト」のルールがあります。**「一つ家に入ったら、何か一つ家の外に出す」**というルールです。

このルールをしっかり守れば、家の中のモノの絶対量は変わらないはずなので、すっきり片づいた家をキープできます。

何かを家の中に入れてしまったら、同じ種類のモノを外に出しましょう。たとえば新しい靴を一足買ったら、古い靴を一足処分します。

同じ種類であれば、空きスペースもそんなに変わりません。

もし同じものが見つからない場合は、別のものを2つ捨ててみてください。3つだとスリーアウトです。

もっと捨てるモノの数を増やしてもいいのですが（私は一つ入ったら50個出していたことがあります）、捨てるモノを数える作業がけっこう面倒だったりするので、３つぐらいにとどめるとよいと思います。

「ワン・イン・ワン・アウト」は買い物に意識的になれる点でも、おすすめのルールです。

買ったら48時間以内に使う

買わない暮らしをするといっても、生活に必要なモノは買うことになるでしょう。ただし、今後買い物をする際には、買ったら必ず、すぐに使うようにしてみます。つまり、ちゃんと使うシーンがイメージできてから買うようにするのです。

モノが増える原因は、家にまだ使えるモノがあるのに、お店で目についた「新しいもの」を簡単に購入することです。そこで私は、買う前に、自分はこの商品を、「いつ、どんなシチュエーションで使うのか」を**イメージしてから買うクセ**をつけています。

洋服ならば、「明日会社に着て行こう。仕事のあと飲み会があるから」とか、「来週水曜日の慰安旅行に着ていこう」という具合に使う目処をたてます。

使う状況を思い浮かべていると、不思議と「そういえば、まだ家に似たようなのがあったよね」「もしかしたら使わないかもしれないなあ」という考えが浮かんできます。**衝動的な買い物という行動にブレーキをかけることができます。**

買い物をしたら、家に帰ってすぐにショップの袋から出し、ビニール袋や箱も取ってしまいます。洋服ならタグや留め金、ラベルなど、すべてはずし、タンスやクローゼットにしまい、いつでも着られるようにスタンバイさせています。

「すぐ使う」の「すぐ」は買ったものや状況によって違いますが、私は**48時間以内をおすすめ**します。明日は無理でも明後日には使うということです。

本はすぐに読み始め、ＣＤやＤＶＤはすぐに視聴をはじめます。文房具もすぐに使いはじめます。

どうしても、すぐに使うことができない事情があるなら、先にお話ししたように、いつ使いはじめるのか、予定をたててスケジュール帳に書いておき、その日が来たら必ず使うようにします。

食料品なら、今日、明日のうちに食べてしまうのが理想ですが、働いている方だとそうはいかないでしょう。

もし、まとめ買いのストックとして買ったのなら、すぐに下ごしらえをして、冷凍庫に入れるようにします（ただし、モノをためがちな人は、多くの場合、冷凍庫の中もいっぱいなのでやりすぎないようにしてくださいね)。

食品を買うときは、使うシーンだけでなく、在庫状況も思い浮かべておきます。

人からプレゼントや結婚式の引き出物をいただいたら、すでによそに回すこと(たとえば、人にプレゼントするなど)を決めていない限り、**すぐに開けて中身を確認**してください。中を見て自分自身で使うことを決めたら、即座に使うようにします。

中身を見て、自分は使わないと思ったら、どうするか? をすぐに考えます。誰かにあげるのか? チャリティセンターに寄付するのか? あげるとすればいつあげるのか? こういうことを後回しせずにできるだけ早く決めます。

そして、そのためのアクションをすぐに起こしましょう。

妹にあげると決めたのなら、すぐに妹に電話する、寄付するつもりなら、寄付品を集めてある箱に入れておくといったことです。**とにかくすぐにやること**です。

ゴミはなぜか仲間のゴミを呼ぶ

ガラクタはガラクタを引き寄せ、ゴミはゴミを引き寄せます。

私の片づけがリバウンドしてしまった理由に書いたように、ガラクタの世界にはパワフルな引き寄せの法則が働いています。

嘘だと思ったら、キッチンのテーブルか自分の机の上に、空のペットボトルをポンッと置いてみてください。48時間の間に、絶対また別のペットボトルか、何かゴミのようなものが最初に置いたペットボトルのそばに置かれるでしょう。

これは**家族の人数は関係ありません**。**ゴミはなぜか仲間のゴミを呼ぶ**のです。そこで、ガラクタが次のガラクタを引き寄せる前に、できるだけ早く撤去しましょう。

何かモノを出して使ったら必ず、元にあった場所にしまうことを徹底します。

「出したらしまう、使ったらしまう」。そう魔法の言葉のように唱えるのです。

行為は「完了」させてこそ意味がある

片づける、捨てる、だけにとどまらず、一つひとつの行動を完了させることは、じつはとても大事なことです。仕事でもそうですよね？

モノを使って何かしたら、必ず「片づける」という**行為の最後まで完了させるクセ**をつけましょう。

棚や押し入れの扉を開けて、何かを出して使ったら、そのあと元のところに戻して、扉をきっちり閉めることで、はじめてその行為が完了します。

モノを出したら、定位置に戻すまで、その行為は完了していないのです。

洗濯も、洗って、干して、取り込んだら、たたんでたんすやクローゼットにしまうところまでやって、この洗濯という家事が終わります。

後でやろうと部屋の片隅に洗濯物をためておくと、ガラクタの引き寄せの法則が働いて、次の日、また次の日と、洗濯物が増え続けます。流しに汚れた皿がたまるのも、まったく同じ理由からです。

こうした家事はたまればたまるほど、片づけることがつらくなることはみなさんご存じだと思います。しかも、日々、洗濯物や、お皿がたまっているのを見るのは大変なストレスです。強い意志で、使ったら必ずその日のうちにしまうことを徹底しましょう。

ありきたりですが、やりっぱなし、出しっぱなし、置きっぱなしを極力防ぐことが部屋をきれいに保ついちばん有効な方法です。

そのために、必ずモノの置き場所をつくることを意識します。

理想のしまい場所は、当然のことながら、しまいやすく、取り出しやすい場所です。そのモノを使う場所のそばで、家族の誰にでもアクセスしやすい場所を選びましょう。

1日15分で捨てグセが身につく

1週間で片づけきったとしても、**毎日15分間は、いらないモノを捨てる時間**にあてるといいと思います。この15分間に、うっかり置きっぱなしにしてしまったモノや、家族が散らかしたモノなどを拾って片づけます。

いつ片づけるかは、それぞれのライフスタイルに合わせればいいのですが、とにかくコンスタントに片づけることが大切。毎日リセットを習慣にします。

「表面」はガラクタ退治のフロントライン

たとえば、夜寝る前に、部屋に出しっぱなしになっているモノを定位置に戻し、家に置くべきでないモノは捨てるようにします。

私自身の経験からいえることですが、**寝る前の片づけは部屋をきれいに保つのにと**

ても効果的です。朝目覚めていちばん最初に目にする光景が、すっきり片づいているととても気持ちがいいので、やる気が持続するからです。

とくに気をつける場所は、**各部屋の「表面」。ここは引き寄せの法則の磁場**とも呼べる場所です。表面とは、床の上、机の上、テーブルの上、こたつの上、本箱の上、棚の上、ソファの上など。このような「表面」はモノの置き場所ではないですよね。

部屋の表面にモノがわさわさと出ているのであれば、モノを入れるべき場所である机の中の引き出しや、押し入れの中、たんすやクローゼットの中のガラクタ密度はあがっていると考えられます。

部屋の中の各表面はガラクタ退治のフロントラインです。侵入されるとすぐに家全体が散らかりはじめるので、いつもここをきれいにするよう心がけてくださいね。

どんなに忙しい人でも、１日15分ぐらいの時間は取れるのではないでしょうか。

１日15分の時間さえ取れない場合は、そもそも予定にタスクを入れすぎている可能性があるのではないでしょうか。まずは余計なタスクを手放すことを考えてみてもいいかもしれません。

突発的な出来事やアクシデントで15分の日々のリセットができないときのために、二重にガラクタをためない対策をたてておきましょう。日々のリセットだけでなく、たとえば、

・ゴミの日の前の晩に、集中的にゴミを捨てる準備をする
・誕生日やクリスマスなど、贈り物が押し寄せてきそうなイベントの前に、子どものおもちゃを見直す

などです。食品の買い出しに行く曜日が決まっているならば、前日に冷蔵庫の中身やパントリーにあるものを食べ尽くします。

給料日を「買い物する日」ではなく、「ガラクタチェックをする日」にするのもおすすめです。

このようにあらかじめルールを決めておくのも、買い物防止とガラクタ・リセットができてダブルで効果があります。

「もう捨てられない！」からが本番です

「どう考えてももう捨てるものはない。だけど、部屋の中はまだまだ雑然としている」

そんな時は、視点を変えてみましょう。

モノはそこにあると、すっかりその風景になじんでしまいます。**本当はガラクタなのに、持ち主の目にはそうは見えなくなってしまう**のです。

いつもの自分の視点をはずして、別の視点を持つことで、新たなガラクタを発見することができます。方法は7つあります。

1 ―― 部屋の写真を撮ったり、動画に撮影してみる

人がモノを見ているとき、脳は情報を取捨選択しているので、見ているようで見えていないモノがたくさんあります。写真にとると、部屋の一角が切り取られて見える

ので、見え方が変わり、ぐちゃぐちゃ加減がよくわかります。

動画も同じです。たとえばスカイプをしているとき、相手の背後に映っている生活感あふれるモノが妙に気になることがありませんか？

私も熱心にモノを捨てていたときは、しょっちゅう部屋の様子をデジカメで撮影していました。昔の部屋の写真を見ると、「うわっ！　モノが多すぎ」とびっくりします。

2　物理的に視点を変える

いつもとは違う姿勢をとって、あらためて部屋を見てみてください。

たとえば四つん這《ば》いになって部屋の中を点検します。するとベッドの下やソファの下に押し込まれているものに気づきます。

椅子に乗って高いところを見れば、たんすの上でほこりだらけになっている「何か」に気づくものです。

3　徹底的に掃除機をかけてみる

いつもよりていねいに掃除機をかけてみます。床の上はすべて掃除機をかけてください。ふだんは掃除機をかけない家具の下や、ベッドの下、家具と壁の隙間も注意深く掃除機のノズルを突っ込みます。

すると**「あぁ、これ、すっごい邪魔」というものに遭遇するはず**です。

それはガラクタの可能性が高いです。ほうきで掃いたり、雑巾がけをしても同じ効果があります。

4　試しに取り去ってみる

部屋に置いてあるものを試しに取り去ってみてください。たとえばラグやワゴン、収納ケースなど、簡単に動かせるものがおすすめです。

そういうものを取り去ってみると、景色が違って見えます。「あれ？　ラグがないほうがよっぽどすっきりする」。こんなふうに思ったら、そのラグは不用品の可能性が高いです。

余裕があれば、ちょっと模様替えしてみるのもいいですね。ただし、やりすぎると、大ごとになるので、部屋のごく一部で行ってください。

5――家族や友だちに指摘してもらう

人はみんな、自分のモノは大切に思えますが、他人のモノはそうではありません。

そこで、信頼できる家族や友だちを部屋に呼んで、ガラクタを指摘してもらいます。

「なんか、この部屋散らかっている気がするけど、どう思う？　いらないモノとかあると思う？」と聞いてください。不用品をたくさん教えてくれます。

6――1週間以上自宅を離れる

毎日見ているモノは、すっかり見慣れてしまいますが、**よく知っているはずのモノも、ほんの少しの間見ないだけで忘れてしまいます。**


そこで1週間以上、自宅（あるいは自分の部屋）を離れてみます。

旅行してもいいし、友達の家に泊めてもらってもいいでしょう。海外など、ふだんの環境とずいぶん違うところに行くのがいいのですが、別に国内でもかまいません。

要は自分の部屋をしばらく見ないようにするのです。

久しぶりに部屋に戻ると、とても新鮮で、新たな視点で自分の持ち物を見ることができます。不思議と捨てたいものものもたくさん見つかるでしょう。

7 —— 捨てるのではなく選んでみる

いらないモノを捨てることは、残すモノを選ぶことです。いつも、捨てるモノばかり探しているなら、逆に、残すモノを探してみましょう。

Tシャツが10枚あるなら、「この中から2枚残すとしたら、どれだろう?」と自分自身に問いかけます。2枚選んだら、選ばなかった8枚は捨てます。

捨てるのがつらくなってきたら…

ゴミはもちろん、もう着ない服、もう読まない本、使わない食器、存在を忘れていた雑貨、押し入れに何年も押し込んでいた昔の教科書やテキスト、じつはこういうモノを捨てるのはそんなに難しくありません。

捨てれば捨てるほど、部屋がすっきりして気分は爽快、掃除もラクになります。片づけている途中に、バッグの中からお金が出てきたりして、捨てることが大好きになるでしょう。

ところが、**ゴミ袋に50～60個ほど捨てたあたりから、だんだん捨てられなくなってきます**。「捨て疲れ」がはじまるのです。

最初は快調にポンポン捨てられたのに、そのうち捨てるのがしんどくなる、これが捨て疲れの症状です。捨て疲れはこんな理由ではじまります。

・単に捨てることに飽きた

・もともとのモノの量が多いため、捨てても捨ててもまだまだモノがある
・捨てているけど、一方で買い物をしているから、全然片づかない
・家族のモノを捨てて大げんかになった
・「捨てる、捨てない」の判断を毎日するのにすっかり疲れてしまった
・思い出の品ばかりどっさり出てきて、どうしても捨てられなくて苦しい
・捨てるといいことあると思ったのに、そこまでいいことも起きない
・残っているものは、みんな大事なものだからこれ以上捨てられないと思う

とくにモノに執着するタイプだと、「泣きながら捨てる」人もいます。

幸せになるために捨てているのに、なんだかつらくなってきてしまうのですね。

こんなときは肉体的に疲れていることが多いので、無理に捨てず、1日1個ずつ捨てるぐらいいしましょう。そして、**「捨てること」に過度に期待しすぎない**ことが大事です。

私自身は、捨てると確かに人生は変わると実感していますが、急にバラ色の人生になったりしませんでした。捨てながら自分自身を見つめ直す。その捨てるプロセスにこそ意味があったと思います。

みなさんもまずは捨てるプロセスを楽しむ気持ちを大切にしてください。

困ったときは流しを磨く

捨てることに疲れ、家の中がどんなにぐちゃぐちゃになったとしても、**キッチンの流しさえきれいにすることができたら希望はあります**。現状を抜け出し、8割捨てた当時の家に戻せる可能性を秘めています。

困ったときは、まず流しを掃除してピカピカにしましょう。そして、そのピカピカをずっとキープします。流しをきれいにできれば、それは小さな成功体験です。どんなに小さな成功でも、自分が片づけができている、という自信の源になります。

部屋を掃除する気分になれないなら、リビングを片づける前に流しをきれいに掃除します。そのため、流しを一度、徹底的にきれいにします。その後は、水を流したら、必ず乾いた布巾で拭き上げます。

私も流しを掃除し、磨いてみたことがあります。当時住んでいた家のキッチンはつや消しのステンレスなので、あまりピカピカにはなりませんでしたが……。

水を流すたびに拭きあげるのは、けっこう面倒なのですが、やっているうちに習慣になりました。

生活研究家の阿部絢子さんも、シンクを「ぬめりと水アカから守るポイントは、使用後、水気を残さずに拭き上げること」と書いていたので、このお手入れは理にかなっているようです。

家の中がどんなにぐちゃぐちゃでも、まずは流しをピカピカにし、それをキープする。そうすると不思議なことに、他の場所も少しずつ片づけようという気になります。とくに流しのような**ピカピカであるべき場所をピカピカにしておくことは、とても気持ちがいい**ものです。人間の心理として、いったんきれいにした場所はそのままキープしたい気持ちが働きます。

家の中のどこかが散らかると他の場所まで散らかっていくという引き寄せの法則を紹介しましたが、その逆のこともまた起こるのです。

流しがきれいだと、コンロやカウンターの汚れが妙に気になってきます。

少なくとも私はそう変わりました。

第5章

ミニマリストの生きる知恵

——どんな時代も「小さな暮らし」で乗り切る！

日本に住んでいると、モノ減らしはむずかしい

日本でこれほどミニマリストが注目されたのは、やはり多くの人が所持品の多さにうんざりしていたからでしょう。アメリカのミニマリズムと日本のそれを比べると、日本のほうが「モノを減らす」ことに焦点をあてていると思います。

日本人はこまごまとしたモノをたくさん持っています。その理由の一つは、膨大な量の買い物をするからでしょう。というのも、日本には、魅力的な商品がたくさんあり、アメリカやカナダに比べて買い物がひじょうに便利なのです。

日本にはありとあらゆるニーズに対応した、便利な商品が多数あります。しかもお店では、商品がとてもきれいにディスプレイされており、店員さんはサービス精神にあふれています。

オンラインショップも同様です。とくに、日本のアマゾンのサービスには驚くばか

りですね。多くが送料無料で、プライム会員になれば東京都内であればその日のうちに届けてくれ、動画や音楽を視聴し放題です。

サービスがいいのはアマゾンだけではありません。楽天市場もヤフーオークションも同じこと。注文したその日に商品が発送されるのはめずらしくありません。

日本にいると、こういうサービスはあたりまえだと思うかもしれませんが、注文した商品がこんなにタイムリーに届くのは、世界でも異例のことだと思います。

私が住んでいるカナダでは、アマゾンに注文をして、お急ぎ便にしても、3、4日かかることを覚悟しなければなりません。住んでいる場所にもよりますが、国土が広いので、届くまでに1週間ぐらいかかることもあります。

デパートには、そこまでたくさんの品物が並んでいるわけではないですし、店員さんのサービスもよくありません。

日本では魅力的な商品が多く、買い物をする行為そのものがとても便利です。だからこそ、日本に住んでいる限り、**モノを持たないという確固たる意思が必要**であり、**捨てるという決断が、さらに重要**なのです。

アメリカのミニマリストたち

日本ではここ数年で注目されるようになった「ミニマリスト」ですが、アメリカではもう少し前からブームになっていて、私もたくさんのミニマリストたちのブログを読んでいました。

ミニマリストの先駆け、レオ・バボータのブログを読んでいて、「ミニマリズム」という言葉を知りました。

彼は以前、グアム島に住んでいて（現在はサンフランシスコ在住）、今よりも30キロぐらい太っていて、喫煙者で、ジャンクフードをたくさん食べていました。

すでに結婚して子どももいましたが、衝動買いが多く、仕事である程度稼いでいたものの、クレジットカードの借金が膨れ上がっていました。借金を返すために、忙しく仕事をしなければならず、ストレスがたまり、買い物をして、ジャンクフードを食べるという悪循環にハマっていたのです。

そんな彼が、あるとき、モノを減らし、シンプルな生活を始めたら、だんだんと人生がよくなっていきました。彼はブログにシンプルライフのよいところ、モノの捨て方、家族のこと、どうやって借金を返したか、どんなふうにダイエットをしたか、禁煙、ランニングのことなどを投稿していました。

この頃の私は、とても貧乏に悩んでいたので、否応なくシンプルライフになっていたというところがあります。レオさんのブログを読んだら、**たとえお金がなくてモノが少なくても、豊かに暮らすことは充分にできる**と考えるようになりました。

現在のレオさんは痩せてすっきりとしたヴィーガン（純粋菜食主義者）。借金はすべて返済。トライアスロンをし、ベストセラーを１冊出して、１００万人以上の読者がいるブログを運営し、多くのミニマリストに大きな影響を与えています。

レオさんは完全なヴィーガンで、グアム島時代は裸足でジョギングをしていたそうで、ミニマリストの中でも強者《つわもの》に思えました。まだまだモノが多かった私には、じつはちょっとハードルが高かったのです。

ある日、私はジョシュア・ベッカーという別のミニマリストのブログを発見しました。レオさんがラディカルなミニマリストなら、ジョシュアさんはふつうのお父さんミニマリストという感じでした。

当時のジョシュアさんは30代になったばかりで、同じ年頃の奥さんと、7歳の女の子と4歳の男の子がいました。レオさんにも子どもはたくさんいましたが、ジョシュアさんのほうが、「普通の人」に見えたのです。

私が、「モノより体験を大事にするミニマリストになろう」と決めたのは、このジョシュアさんの書いた「眼に見えないモノを大事にしよう」という記事がきっかけでした。

本当に大事なものは、眼に見える「モノ」ではなくて、眼に見えないもの。たとえば愛、信頼、友情、希望、夢といった心を満たしてくれるもの。美しい音楽やよい匂い、気持ちのよい風、楽しい記憶など人生を豊かにしてくれるもの。

それなのに、私たちはいつも「モノ」ばかり追い求め、手に入れようとします。大きな家、立派な車、流行の洋服……。そうしたモノを手に入れることが、はたして人生の目的になりうるのか？　という主旨の記事でした。

この記事に共感した私は、**「もうモノをたくさん買うことをやめよう」**と心底思ったのです。そして、「買わない挑戦」をはじめました。

好きな服を探す「333プロジェクト」

ジョシュアさんのブログで、今度は女性のミニマリスト、コートニー・カーバーさんを知りました。彼女は当時アラフォーで、仕事もしていたと思いますが、ご主人とお嬢さんと暮らす主婦でした。

2010年秋のことです。ジョシュアさんが、コートニーさんの「**333ファッション・プロジェクト**」を自分もやっていると記事にしていました。

このプロジェクトは、**洋服を持ちすぎている人が数を減らすための企画**です。3カ月間33アイテムのみを身につけます。アイテムは、洋服、アクセサリー、バッグ、靴など。ただし、部屋着、下着、スポーツウエアは含みません。

はじめる前に、自分の33アイテムを選んで、ほかは全部箱にしまいます。そして次の3カ月、33アイテムだけで暮らすのです。ジョシュアさんは、数着の服が並んでいる、がらんとした自分のクローゼットの写真を記事に載せていました。

早速、私も挑戦してみました。ただ、自己流にルールを変えて、着ない服を箱に詰めるのではなく、自分が毎日着ている服の記録をしました。

「333プロジェクト」とは別物になっているような気もしますが、すでに毎日同じような服を着ていたので、**自分が必要な服は33着以下かどうか**を確かめたかったのです。

毎日、その日身につけた服をノートに書きだし、次にまた着たら、チェックマークを書き加えていきました。3カ月間、自分が身につけたのは28アイテムでした。**自分が好んで着る服はいつも同じ**だということがわかりました。

服の枚数を減らすために、自分の定番の服、〝ユニフォーム〟を決めようと言われますが、私はもうすでに、ユニフォームを持っていたのです。「333プロジェクト」が終わったあと、まったく手を通さなかった服の大部分をどっさりと捨てました。

日本にいるときから私はカジュアルな服装が好きでしたが、カナダに来てからは超カジュアルになりました。カナダの人の服装は全体的にとてもカジュアルだから、私もその影響を受けたのです。

大切なことは「自分らしさ」

カナダの女性は圧倒的にパンツスタイルが多く、ノーメイクの人もいます。たとえメイクをしていても、日本女性のようなフルメイクばかりではなく、ポイントメイクの人も多いです。もちろんおしゃれをしている女性もいますが、そういう人は、日本や韓国からの留学生だったりします。

カナダは移民の国ですから、服装も人それぞれです。インド系のバスの運転手は頭にターバンを巻いて運転しています。ヒジャブ（髪を隠すスカーフ）を巻いて、長いスカートをはいたイスラム系の女性もたくさんいます。

服装に季節感もあまりありません。たとえば、10月の少し肌寒い日、ダウンジャケットを着てブーツを履いている人がいれば、カプリパンツにビーチサンダルという姿の人もいます。私が住んでいる地域は、1日のうちで寒暖差が激しく、夏でも雪が降ることがあるので、日本のように季節に応じて、みんなが一斉に衣替えすることはありえません（今では日本も変わってきていますが）。

日本では「年齢」がとても大事で、年相応の格好や生活をしなければならないという見えないプレッシャーがありますよね。しかし、欧米では、履歴書に年齢を書きませんし、建前上、性別や年齢で差別をしてはいけないことになっています。

ですから、もともと人の目をあまり気にしないほうだった私は、カナダに来てからさらに気にならなくなり、自分が好きなTシャツやトラックパンツ、スパッツなどを好んで着るようになりました。

好きな服を着ることは、より自分らしさを大事にすることにつながります。私は高校生のとき、衣替えの日を忘れ、みんなが夏服なのに1人だけ合服を着ていて恥ずかしい思いをした体験があります。ですが、そんなことは恥ずかしいことでも何でもなかったのです。

この世界にはいろいろな人がいます。

みんなが自分らしさを大事にし、自分のよいところを積極的に伸ばして助け合えば、もっと世界はよくなるのに、などと考えたりします。

一つのルールに自分を合わせようと無理すると、息苦しくなるばかりです。

ミニマリストはモノを減らす人ではない

「ミニマリスト」が話題になるにつれ、多くのミニマリストが「持たなさ加減」を披露しました。ガラーンとした室内に、たった一つのテーブルだけ。放映されたそのような光景はたちまち話題になると同時に、多くの人が、「こんな生活はあまり人間らしくない」と拒否反応を示しました。

本書ではモノの捨て方について紹介してきました。ですが、ミニマリストの本質は、できるだけモノを捨てて、**何もない部屋に住むことではない**と私は思っています。

ミニマリストに共通するのは「レス・イズ・モア」のポリシーと自分らしく暮らそうとしていること。部屋の中を空っぽにすることではないのです。

これまで私たちは、大量生産、大量消費社会に生きてきて、モノがたくさんあればあるほど幸せだと思っているところがありました。これは「モア・イズ・ベター」という考え方です。

しかし、モノをたくさん買うために、長時間働き、クレジットカードで借金をつくり、家の中はモノでいっぱいになり、掃除と片づけに追われ、ストレスがたまり、かえって不幸になる人が増えてしまったようです。

モノは私たちの暮らしを便利にしてくれ、潤いのあるものにしてくれるありがたい存在。ですが、使わないモノをたくさん持ちすぎると、それが悩みの種になります。私たちは、モノがたくさんあっても決して幸せにはなれないことに気づきはじめたのです。

レス・イズ・モアは、自分が本当に必要なものだけを少しだけ持つ暮らし方です。ミニマリストは**「最小限のもので最大限に生きよう」**としています。

モノが少ないと、時間とスペースが生まれるので、自分の人生にとって大切なことを見つけやすくなります。モノを減らしながら、大事なものだけに意識を向ければ、節約もできるし、ストレスも減り、より健康になり、時間ができて、自分のやりたいことに集中できます。つまり、**より幸せな人生を生きることができる**のです。

最小限のモノで最大限に生きよう！

モノが少ないからミニマリストなのではなく、自分にとって大切なモノを選び、いらないモノを手放すからこそ、モノが少なくなります。

日本の一部のメディア報道のように、**「モノの数の少なさ」にフォーカスしすぎてしまうと本質を誤ってしまいます。**

ミニマリストはモノを憎んでいるわけでも、文明を否定しているわけでもありません。モノにあふれた現代社会で、物集めより、自分の軸を大切にしていこうと思ったから、所持品がだんだん少なくなったのです。そしてその分、身も心も軽くなっています。

つい100年ぐらい前は、モノはそんなにありませんでした。昔の人は、なけなしのお金を使って本当に必要なモノだけを買って暮らしていました。

ところが、今はすべての消費財の値段が下がり、普通の人が簡単にたくさんのモノを買うことができるようになりました。日本は資源が少ない国なので、企業はモノをつくって輸出するか、国内消費を促すしかありません。そこで、ありとあらゆる用途の商品が日々、生産されています。

しかし、人が暮らすのに必要なモノは、そんなにたくさんはいりません。一つひとつのモノは、便利で素敵できれいなモノですが、いくら素敵なものでも、数が多すぎると、自宅が不要品だらけの倉庫になってしまうでしょう。

「モノがたくさんあるほうが幸せだ」と考える時代はもう終わりました。

これからはモノを買って片づけたりする時間を、「体験」に使い、心の豊かさを求めていく時代だと私は思っています。

モノを持ちすぎると困るのは老後です

カナダに来てから、ほぼ5年に1度の割合で実家に里帰りしていますす。帰省のたびに、自分が実家に残してきたものを捨てていましたが、2013年の夏の里帰りで、ようやくすべて捨て終わりました。

この時、母が長年溜め込んでいたモノを、母と共同作業で捨てました。当時母は81歳。母は私が実家を出てからずっとひとり暮らしです。

50年近く、同じ家に住んでいるため、実家はたくさんのモノで溢れていました。

親の様子を見ていると実感しますが、**年をとると、大きな家も、たくさんのモノも必要ない**ですし、**モノを持ちすぎていると危険ですらある**と思います。

私の親の世代はモノがなかなか買えなかった時代の人ですから、一度買ったものはとても大切にします。

みんな知恵と工夫を凝らしてたくさんのモノを詰め込んできました。ですが、こんな物の管理の仕方は、70歳をすぎると難しくなるでしょう。だんだん肉体的に衰えてくるので、片づけたくても片づけられないのです。

ただでさえモノが多いと管理に時間がかかってしまうのは、これまで書いてきたとおりです。高齢になるまで、モノを溜め込んでしまうと、もう自分ではどうすることもできなくなるかもしれません。

親の家の片づけでわかったこと

最近は親の生前整理を子どもたちが手伝うことがありますよね。私もその生前整理を母とやってみました。

この体験をまとめた「実録・親の家を片付ける」というシリーズの記事は、私のブログでも人気です。親が溜め込んだものの処置に困っている人は思いのほかたくさんいるのですね。みんな、モノを持ちすぎても将来困ることにうすうす気づいています。

年をとったとき、モノがいっぱいたまっていたら、子どもと一緒に捨てるなり、プロに頼んで捨てるなりするしかありません。捨てずにあの世に旅立ってしまったら、近親者が遺品整理をすることになります。私たちは、いずれこの世から消えますが、いったん家に入ったものは、誰かが捨てない限り、ずっとそのまま居座り続けます。

ですから、まだ老後に少し間があるなら、今のうちにモノを減らしてすっきりさせておきましょう。若いうちは好奇心旺盛で、いろいろなことをやりたいでしょうから、その結果、モノが増えてしまうこともあるかもしれません。

しかし、**50歳を過ぎたら、老後はもう目の前**です。私自身、50代になり、50歳からは生活を縮小したほうがいいとより強く思うようになりました。私と同世代の人は、バブル経済の恩恵を受けている人が多いはずです。そのメンタリティのままに生きてきたとしたら、不用品をたくさん持っている可能性が高いでしょう。

自分の親たちが、比較的しっかり年金をもらっていて、悠々自適で暮らしているのを間近に見ているので、なんとなく自分もそんな老後を送るのかなと思っているかもしれません。

ですが、そんなことは起きません。これからどんどん高齢化の社会になるからです。

超高齢社会は「ミニマリズム」で生き残る

国連は、総人口のうち、高齢者の人口が7%を超えた社会を「高齢化社会」と定義しています。高齢とは65歳以上のこと。日本は1970年代にすでに高齢化社会になっていましたが、高齢化はさらに進み、平成25年には高齢者は25・0%となりました。4人に1人が65歳以上ということです。思ったより少ないと思うかもしれませんが、これはとても老人の多い人口分布です。今から65年ほど前の、昭和25年（1950年）は約5%だったのですから。

44年後の2060年には、2・5人に1人が65歳以上、4人に1人が75歳以上という予測も出ています。2・5人に1人が65歳以上の社会はどんなふうだと思いますか？

3年前の夏、名古屋に里帰りしたとき、市バスを利用していました。赤ちゃんを連れた若い主婦や、部活や塾に行くらしい中学生や高校生も見かけましたが、日中の市バスの乗客のほとんどが、高齢者でした。

50年後には、私が市バスの中で見た風景が、週末に出かけた先で、ごく普通に見られるのかもしれません。

医学が進歩して平均寿命が伸びるのと同時に、介護問題は深刻になるでしょう。少子化で、人口はだんだん減っていきます。人口が減り、高齢者が異様に多い国の経済はどんなふうになるのか……。

経済成長などありえないのではないでしょうか。

消費税は上がり、年金の負担も増えるでしょう（今の年金制度が途中で破綻しなければの話ですが）。このような状況になると、もう国の年金をあてにすることなどできません。老後の生活費のめどを自力でたてておかなければならないでしょう。

私たちを幸せにする「小さな暮らし」

少ないモノで心豊かに暮らすことをめざすミニマリズムは、そんな時代にあって大きな助けになるはずです。

生活費を得る方法は、収入を増やすか、支出を減らす、あるいはこの両方です。一般的に考えて、年をとっていくと収入アップは見込めないでしょう（投資をやって資産を増やしている人は別ですが）。

すると支出を減らす、つまり節約をするしかなくなります。**ここでいう節約はチラシでお買い得商品をチェックして、1円でも安いものを買うことではありません。**生活を縮小して、お金を節約します。つまり、小さな暮らしをするのです。

小さな暮らしとは、身の丈にあった暮らし。

必要以上に大きな家に住むことはやめ、所持品も本当に必要なモノだけを持つ暮らしです。

不用品を捨てて、身の周りを整理しながら、自分の心も整理して、自分が人生で本当にやりたいことをやっていく。

モノに振り回される生活はもう終わりです。

少ないモノと資金で、心豊かな生活を追求するミニマルライフこそが、これからの超高齢の社会を乗り切る鍵になります。

まだまだ時間はあると思っても、時が過ぎるのは速いものです。
今から、準備して備えておくことは、決してムダにはなりません。
ミニマリストになるのではなく、小さな暮らしをする。
これなら、きっと私たちにもできるはずです。

おわりに　捨てることは、自分の未来をつくること！

「捨てられない人も、捨てられるようになる」

そんな思いを伝えたくてこの本を書きました。捨てることがはじめての人、苦手な人にも楽しく捨てられるよう、さまざまな工夫を盛り込みました。

この本は行動してはじめて価値があります。

大いに活用していただけるとうれしく存じます。

捨てる技術をお伝えしてきましたが、いちばん大切なことは、捨てて自分がどうなりたいか、どんな未来を得たいのかということです。

部屋の中にあるものは、これまで私たちが人生でしてきた選択の結果です。

小さな習慣の集積が、「今日の暮らし」という現実をつくっています。モノを捨てるとき、過去の自分の選択を残念に思うことや、後悔することも多いでしょう。

それでも、自分の失敗を認め、そこから学びながら進んでいくからこそ、なりたい自分に近づくことができるのだと思います。使わないモノを押し入れやクローゼットにしまいこんでおくのは、その学びのチャンスを逃してしまっているともいえるのです。

これまでと違う暮らしをしたいなら、これまでと同じことをしていては叶いません。捨てることは面倒ですし、時には痛みを伴います。ですが、よりよい明日のために勇気を持って捨て続けましょう。

行動を変えるためには、思考を変える必要があるでしょう。

いらないモノを捨てること
モノを出したらしまうこと
買い物を控えること
身の丈にあった小さな暮らしをすること

すべて生活習慣ですが、私を含め、多くの人は自動的に行っています。思考も習慣になってしまっているのですね。

本文でもふれましたが、今の暮らしを変えるためには、自分の思考やパターンを一度壊す必要があります。私もまだまだその途中にいます。

モノに向き合いながら、過去の自分を手放し、一緒により希望に満ちた新しい自分になりましょう。

この本のもとになったのは私が書いている「筆子ジャーナル」というブログです。毎日熱心に読んでくださる皆様のご支持がこの本へとつながりました。心より感謝申し上げます。

2016年2月

筆子

■私が影響を受けた「片づけ本」

『「一人暮し」術・ネコはいいなア』吉本由美（晶文社）

『「収納」するより「捨て」なさい』スクラップレス21（ぶんか社）

『ガラクタ捨てれば自分が見える―風水整理術入門』カレン・キングストン（小学館）

※参考文献

『人生がときめく片づけの魔法』近藤麻理恵（サンマーク出版）

ブックデザイン　小口翔平＋喜來詩織（tobufune）
カバーイラスト　須山奈津希
DTP　Office SASAI
編集協力　宮内あすか

筆子（ふでこ）

カナダ在住、五十路超え主婦ミニマリスト。

ブログ「筆子ジャーナル」主宰。

1959年生まれ、愛知県出身。付録やおまけが捨てられないモノに執着するタイプだったが、20代後半のあるとき、ためこんだモノの多さに気づき、愕然!!　シンプルライフを志すように。その後、日本での社会人経験を経て、1996年単身カナダへ。モノが増えたり、減らしたりをくり返しながら、ついにシンプルライフを実現する。

現在は、一つ年下の夫、高校生の娘との3人暮らし。

2015年2月、ブログ「筆子ジャーナル」を開設。持たない暮らしや節約に励む日々のこと、日本では得られない海外ミニマリストに関する情報などを発信したところ、たちまち月間45万人が閲覧する人気ブログとなった。本書はシンプルライフの基本ともいえる、「モノの捨て方」について語った初の著書である。

ブログ「筆子ジャーナル」
http://minimalist-fudeko.com/

1週間で8割捨てる技術

2016年3月18日　初版第1刷発行
2023年11月25日　　第14刷発行

著者　　　筆子

発行者　　山下直久
発行所　　株式会社KADOKAWA
〒102-8177 東京都千代田区富士見2-13-3
Tel 0570-002-301(ナビダイヤル)

印刷・製本　TOPPAN株式会社

ISBN 978-4-04-068323-2　C0077

•お問い合わせ
https://www.kadokawa.co.jp/(「お問い合わせ」へお進みください)
※内容によっては、お答えできない場合があります。
※サポートは日本国内のみとさせていただきます。
※Japanese text only